幸福，是奋斗出来的!

高凤勇 布娜新／著

星榜

资本变局与科创革命

SSE STAR Market：
Capital change and sci-tech revolution

中国经济出版社
CHINA ECONOMIC PUBLISHING HOUSE

图书在版编目（CIP）数据

星榜：资本变局与科创革命 / 高凤勇，布娜新著 .
—北京：中国经济出版社，2019. 10
ISBN 978-7-5136-5907-9
Ⅰ. ①星… Ⅱ. ①高…②布… Ⅲ. ①创业板市场—研究—中国 Ⅳ. ①F832. 51
中国版本图书馆 CIP 数据核字（2019）第 203232 号

出 品 方　壹柒贰柒
策划编辑　杨　莹
责任编辑　王　建
责任印制　巢新强
封面设计　瑞德设计
法律顾问　刘世杰

出版发行　中国经济出版社
印 刷 者　北京力信诚印刷有限公司
经 销 者　各地新华书店
开　　本　880mm×1230mm　1/32
印　　张　9. 625
字　　数　200 千字
版　　次　2019 年 10 月第 1 版
印　　次　2019 年 10 月第 1 次
定　　价　68. 00 元
广告经营许可证　京西工商广字第 8179 号

中国经济出版社 网址 www. economyph. com 社址 北京市东城区安定门外大街 58 号 邮编 100011
本版图书如存在印装质量问题，请与本社销售中心联系调换（联系电话：010-57512564）

温馨提示

在科创板的改革洪流中，本书应运而生，但这并不是一本蹭流量、粗制滥造的书。

在这个浮躁的时代，我们希望一些有价值的东西可以得到沉淀。出书就是记录心得，记录思想闪光点的一种非常好的方式。公众号里的文章可能到了第二天您就不会再看了，再过几天，您就忘记了。

精品书籍，您却可以时不时拿出来翻翻，并时不时找找灵感，在这个信息爆炸的时代，这是一种弥足珍贵的体验。出精品书，也是我们二位作者的追求。如果我们的第一本书《金融不虚：新三板的逻辑》没让您失望，那么希望这本书会更加令您惊艳。

惊艳的感觉从何而来?

首先，财经类的书籍由于涉及经济、金融类专业知识，有时还有数学公式，虽然不乏干货，却往往令人望而却步。由于阅读体验的问题，大部分读者不能坚持读到最后，所以我们要克服这个问题，书中尽量不要公式，尽量把道理说得浅显易懂。

其次，这本书在结构设计方面花了一点小心思。我们放弃了传统的章节编排习惯，尽量把脑洞开到最大。如果艺术品让人愉悦，而财经书籍令您头疼的话，那么看这本书会有不一样的愉悦感。

请您把科创板想象成一幅画卷，亦如《清明上河图》蕴含着巨大信息量的风情民俗画，我们会带着您开启一段美妙的鉴赏之旅，了解画作背景，远观美感，近看细节，相信每个读者最后都会收获属于自己的对于科创板以及注册制的独特观感。

因此，请您做好准备，我们带您出发!

目 录

内核
——规则的“散点”和“焦点”透视 129

作为试点注册制的全新市场，科创板设置了独具特色的规则和制度，如何迅速并深入地理解它们尤为重要。

操盘
——流动“颗粒”与估值之“锚” 205

科创板的推进犹如“摸着石头过河”，越往前水越深，我们要逐渐掌握安全渡过“深水区”的技巧。

科创板引领了我国资本市场的新变革，也必将开创我国资本市场的新时代。

序

科创板为中国资本市场进化加分！

现今，我国资本市场的大热话题无疑是科创板和注册制改革。不过，当推出科创板的决策出台后，却引发了社会上很多似是而非的观点和理论。比如，注册制的“不审核”“无门槛”论，这些是典型的不努力就想赚大钱的“忽悠论”；再比如，“交易所孵化小企业”论，该理论认为交易所市场是“天堂”，企业无论大小、无论技术先进落后，都可以低成本地进入，从而可以方便地拿到资金，还能有很高的估值，很充足的流动性。

这些观点由来已久，因为之前国内没有科创板，这些观点的社会影响，或者社会危害并不大。但是随着科创板的正式开板，如果市场再以这样的认知来看待科创板，恐怕问题就很大了。

其实从专业角度来看，以上这些观点无论在逻辑上还是实证上，都是完全站不住脚的。随着注册制的实施，我们会越来越近距离地接触真实的注册制。因此，本着“道理越辩越明”的原则，我们有必要为理解科创板，理解注册制，打下良好基础。

重温“杉树模型”

在我们二位作者的第一本书中，提出过一个自创理论——“杉树模型”。关于该模型的说法摘录如下[①]：

“在广为人知的模型里，多层次资本市场体系是个金字塔，大家普遍希望金字塔的每个层级自然有不同偏好的资金进行投资，并在每个层级中阳光普照，只要政府主导对应每个层级的企业建设不同的市场，资金自然会关爱到自己头上。

“现实很骨感，真相是每个层级都有绝大多数企业得不到跟其他人同等的待遇。更真实的层次见图 1-4。

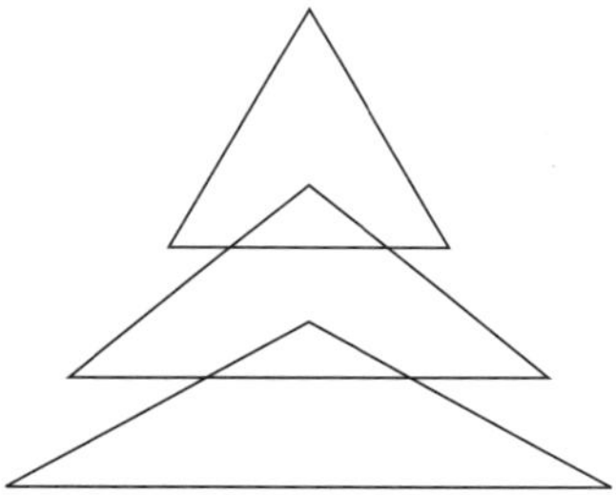

图 1-4　中国资本市场多层次体系构成

资料来源：笔者自制

“其实每个层次都是一个金字塔，多层次的体系是多个金字塔的叠加，形状画出来也许更像杉树。

“每个层级都有自己的头部企业，头部位置不是天上掉馅饼坐等来的，而是通过不断地努力竞争的结果。资本市场配置资源的道理在于每个层级的资金都在努力挖掘对应层级的优秀公司。

① 《金融不虚：新三板的逻辑》第 23 页和第 24 页。

头部公司或者显然有变成头部潜质的公司，想获得投资机构的青睐，要么用自己过往的成绩单证明我就是优秀的；要么向大家充分展示我不但有天赋，还比其他人更勤奋，所以我未来一定是个头部公司。”

杉树模型明白无误地告诉我们，竞争才是天地大道！

看待贸易纠纷的新视角

这个杉树模型不光适用于在多层次资本市场打拼的企业，也可以推广到今天的国际竞争领域。由于历史原因，全球形成了今天各国彼此的竞争地位、竞合关系，形成了彼此链接的产业链，各国分担不同的成本，分享不同的收益。总体上来讲，发达国家处在产业链条的顶端，获取了更高性价比的产品，其人民享受了更好的生活。

在初期，杉树模型层级间的交叉程度相对较低，说明各国竞争总体上不太激烈，大家处在宽容、容忍甚至相安无事的状态。但是杉树模型的层级划分不是静态的，因为追求“更幸福”是所有人的权利，总会有勤奋的民族通过不断努力，希望突破现有层级，向更高的层级进化。

因此，当下一层级和上一层级中的国家或企业处于广泛竞争状态或者两者关系出现明显快速变化时，遏制与反遏制现象必然出现，并有可能导致竞争烈度升级。这被称为“竞争”“摩擦”“对抗”“战争”，可以单纯发生在经贸领域，也可能扩展到更广泛的社会、政治、军事领域。

在资本市场中，如果企业家不努力，那就很难再次融资，尽管已经上市。因为资源是有限的，企业只有努力向前奔跑，成为自己所处层级的头部企业，才有可能争取更多资源。同理，只要一个民族不甘于永远生活在世界的底层，就总会和上一个层级的民族发生碰撞；只要一个民族还处在中间层级，就永远需要承受前有堵截、后有追兵的现实；即便你已经处于最高层级，只要稍有放松，就会面临后来者的挑战。也正是现实中大家面临的这种长周期竞争压力，才推动了人类的进步和进化。

这样来理解今天的全球贸易纠纷，也许我们就能得出结论：

简单谈判一次就期待永远相安无事，属于毛泽东《论持久战》中所指的“速胜论”，不可取；“对方一打，我们什么就都不行”的观点，属于毛泽东《论持久战》中所指的“亡国论”，当然也不可取。

这是一场大家应该有正确预期的“持久战”，以我们民族特有的韧性和勤奋，去追求更长远的“相安无事”，这种竞争对全人类来讲也有重要的进步意义！

中国的“进化指数”

假设我们现在设计一套指标，计算杉树模型里处于不同层次的全球各国的进化值，并用该指标预测下一个历史阶段各国的进进退退。那么，科技投入、科研水平和科研人才一定拥有最高的权重。

为什么科技实力对于一个国家的进步如此重要？

一个国家的经济进步，从经济学角度分析不仅靠要素投入，更要依赖投入要素的产出效率。要素投入既有资源稀缺的客观约束，又受到边际收益递减规律的约束，所以社会越发达，要素的产出效率就越决定一个国家的竞争实力。而要素产出效率的提高依靠的正是科技进步和科技创新。

科技投入、科研成果转化，可以有很多路径。不过从世界范围和长周期视角来看，通过资本市场自身的选拔和激励机制，引导全社会资源高效配置科技领域，确实是一条最重要的路。我国资本市场建设近30年，应该说在这方面摸索出了一些经验，但在引导资源投入科技领域方面，总体成效一般。

因此，我们才会旗帜鲜明地设立科创板，试点市场化程度更高的注册制，就是希望能把资本市场作为抓手，更好地扩大全国的科技投入，提升科技水平，提高中国的竞争力指数，这条路无疑是非常正确的。

科创板是中国证券市场最年轻的板块，年轻意味着有活力、有潜力，同时也意味着缺乏经验和教训，所以，我们对待科创板的正确态度应该是既有足够的包容，又要充满期待和敬畏，让科创板成为经济转型的重要抓手，让我们这个民族享有更大的幸福！

金融通识教育

既然科创板、注册制真的来了，作为普通个体，我们要树立这样一个基本认知，即，这个市场没有天堂，没有“人傻钱多速来”！笔者曾在多个场合呼吁，大学应开设金融通识课程，而上述认知是金融通识教育首先应该教会大众的基本常识。

为什么普通大众需要金融通识教育？因为金融业务是每个人在职场生涯和日常生活中必然会遇到的。每个人至少会存款，年轻人会把零钱转入各种互联网“宝宝”，非常多的人会购买股票、基金；到了企业的相关岗位，人们会遇到企业的投融资活动。当面对这些常见场景时，粗浅的金融通识教育就显得很有必要，因为每个人不可能，也不需要掌握大量的金融专业知识，只要在需要的时候有基本的金融业务认知即可。这是金融通识教育应当实现的目标。

有了金融通识基础，对于个人而言，当你并不具备丰富的金融知识和良好的金融技能，却被忽悠说不需要承担风险，就能通过简单的投资赚大钱时，那么你可以马上分辨出这是世界上超大的骗局，你就可以避免受骗上当。

对于企业家来讲，有了金融通识基础，也就会明白，根本不存在某个交易所或者准交易所，会允许缺乏市场地位，缺乏市场竞争力，缺乏奋斗精神的企业可以不费吹灰之力、方便地融资。如果还有人这样跟企业家介绍“某地有天堂，来了就有钱”，那么金融通识教育就能帮助企业家具备合理的质疑精神。

幸福是奋斗出来的，是所有人都要了解的天地法则，科创板也不例外。无论是什么“板”，最终“竞争论”“幸福奋斗论”都不会失去其理论和现实意义。在这个前提下，大家去预测、推动科创板改革才容易得出更正确的结论。

高凤勇、布娜新

2019年8月

引子

——创新的悖论

真理很少完全纯粹，更难一语道明。

——奥斯卡·王尔德

创新也会引发经济危机

产业升级、新旧动能转换是很热门的话题，也是当下经济转型的方向；但是，当所有行业、所有产业都处于转型阶段时，如果政策和环境发生了意料之外的变化，导致供需不匹配，也是容易引发经济危机的。

为何这样讲？下面通过两张图来说明一下（见图 1 和图 2）：

在图 1 中，我们把大家最常用的供求曲线和长期平均成本曲线画到了一起，左纵轴是价格（P），右纵轴是成本（C），横轴是产量（Q）。

【延伸阅读】

市场出清价格：市场中实现供给与需求双方平衡时的价格，即为均衡价格。在此价格下，供给一方的产量恰好等于需求一方的订单量，即产品库存刚好为零。

需求曲线（D）：表示在每一价格下所需求的商品数量。简单地说，需求曲线是指物品的需求数量与价格呈反比关系。① 价格提高则需求数量减少，价格降低则需求数量增加。需求曲线有曲线，有直线。本书为了简化表达，将需求曲线画为直线。

供给曲线（S）：表示在每一价格下所供给的商品数量。简单地说，供给曲线是指物品的供给数量与价格呈正比关系。② 价格降低则供给数量减少，价格升高则供给数量增加。供给曲线有曲线，有直线。本书为了简化表达，将供给曲线画为直线。

长期平均成本曲线（LAC）：在长期内，厂商在每一个产量水平上都会选择最优的生产规模进行生产，从而将生产的平均成本降到最低水平。它是一条先下降而后上升的线。

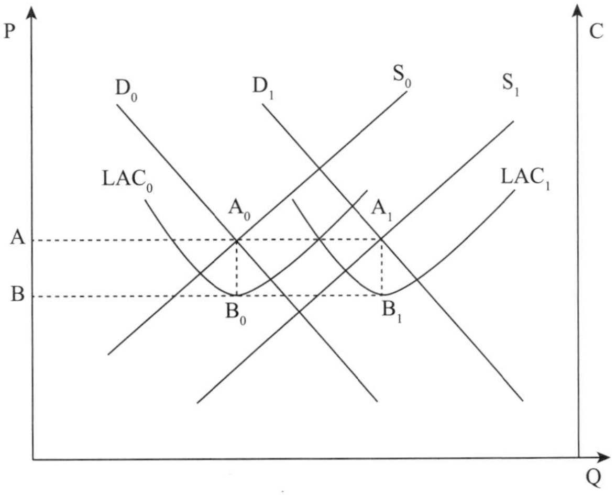

图 1　理想状态下小型家用轿车扩建产能收益图

资料来源：笔者自制。

① 百度百科：需求曲线。

② 百度百科：供给曲线。

我们假设图 1 呈现的是小型家用轿车这种商品（汽油为动力，以下简称“油车”）的供需曲线和成本曲线，D_0 是原始需求曲线，S_0 是原始供给曲线，LAC_0 是长期平均成本，D_0 与 S_0 相交的点为供需均衡点，这是市场均衡价格，或又称“市场出清价格”。当价格在 A_0 时，油车市场处于理想状态，油车的长期平均成本 B_0 是小于成交价格 A_0 的，此时，全社会利润是 AA_0B_0B 围成的长方形部分面积。

随着经济发展水平的提升，油车生产商预期人们对油车的需求会上升，需求曲线会平移到 D_1，为了满足这部分新增需求，生产者会扩建产能，使供给曲线右移至 S_1，S_1 的右移会相应地带来长期平均成本曲线右移至 LAC_1。假设一切按预期发生，则产品市场价格保持不变，但是产销量扩大，全社会利润变成 AA_1B_1B 围成的面积。这时候，社会繁荣，供求两旺，大家都处在比较舒服的状态。

现实中，油车产能确实提高了，供给曲线和长期平均成本曲线确实如期右移了，但是意外发生了。请看图 2：

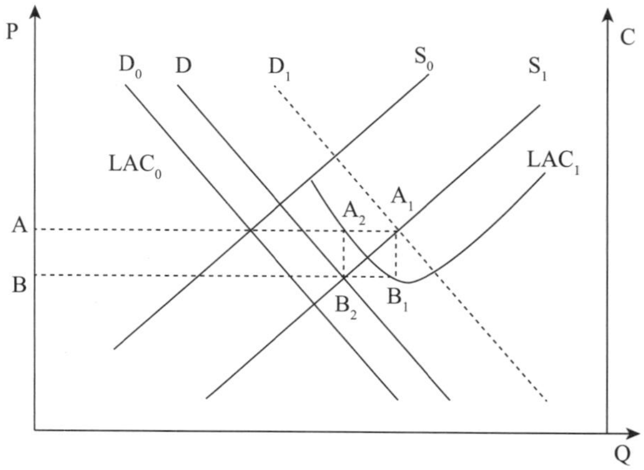

图 2　现实状态下小型家用轿车扩建产能收益图

资料来源：笔者自制。

为什么会有意外？比如出于对环保问题的关切，一些大城市推行鼓励电动汽车（以下简称“电车”）消费的政策，消费者的购车需求就那么大，一部分人买了电车，自然买油车的需求就小了。在这个案例中，电车就可以理解为油车的创新替代品。在图 2 中，由于油车被一部分电车替代，使得油车的需求仅增长至曲线 D。

可是，油车厂商的产能已经扩大到了 S_1，企业长期平均成本曲线已经确定。而需求并没有相应扩大，市场出清价格仅维持到 B_2 点。B_2 的价格是明显低于理想状态下的均衡价格 A_1 的，而且从 B_2 点来看，市场均衡价格低于长期平均成本 A_2。这样的局面会导致什么问题呢？

1. 厂商个体不愿意做亏本的买卖，可能仍按照 A_1 价格卖油车，这个价格高于均衡价格，油车不好卖了，油车库存大幅度上升。

2. 为了消化油车库存，油车厂商只好调低价格卖车，油车价格大幅度下跌。

3. 社会总利润大幅度减少，甚至油车全行业出现亏损，亏损额可以理解为 AA_2B_2B 围成的面积。

4. 当这种状况大幅度蔓延时，行业就会产生大量不良金融资产。因为厂商之前扩建产能是需要贷款的，一旦亏损，贷款就还不上了。

5. 大量不良金融资产会导致银行“慎贷”，产生信贷萎缩，信贷萎缩会进一步减少社会总需求，致使商品价格下降。当多行业同处于这一阶段时，就会出现多行业商品价格持续下跌，供大于求的现象，这一现象在经济学中被称为“通货紧缩”。通货紧缩通常会导致较为严重的经济危机。

为了防止上述情况的发生，也许理想主义者会提议：让所有生产者都同步有限扩张老产能，并等比例投资创新品的产能，危机不就可以避免了吗？其实现实中这很难做到，因为：

1. 产能构建基本上是不可逆的，生产者根据价格信号来构建产能，当供给不足时，大家纷纷扩建产能；当产能达产，价格下跌时，产能无法简单零成本缩减。

2. 即便如期构建了一部分创新品的产能，由于不同创新品的上游产业链条不同，新产品产能的建设会引起新产品资源市场的供应紧张，价格上涨，使新产品利润受损。以电车为例，在前两年，电池级碳酸锂的价格经历过 4 倍以上的暴涨。

3. 在国家产业政策的鼓励和支持下，很多创新产品的成本其实是高于市场售价的，市场出清是依赖国家补贴的结果，例如电车的价格补贴。从经济利益角度看，全社会福利是受损的，虽然社会效益或者长期效益是有利的。

总的来说，我们国家目前某些行业正在出现这种现象，值得引起人们的重视。

危机推动并购

对作为个体的企业来说，这种状况在企业生命周期中是很难避免的，企业所能做的只有坦然、积极应对。

前面图 2 揭示的是全社会的整体情况，对于微观个体来说，并非都不能熬过这一阶段，但是熬过去需要一些条件，比如：

1. 你有更好的渠道资源，比如说有外销市场，而别人没有。

2. 你有更好的品牌形象，能够以更高的价格销售产品。

3. 你有比其他人更低的成本，尽管全行业亏损，你却是盈利的。

4. 你有雄厚的资本金，可以坚持到很多产能退出，市场回暖。

5. 你可以成功进入创新品市场。

以上几点，无不指向一个重要的点，也是需要所有企业家深思的点——并购。传统行业间的并购可以推动上述前4点条件的达成，传统行业对新兴行业的并购可以推动第五点条件的达成。

“并购”这个词具有两个含义：“并”是合并，“购”是大买小。无论如何，企业家需要找到自身所处行业的几个核心企业，选择站队，使自己加入的阵营能够符合和达到前面所说的5点条件，通过并购，使市场产能重新有序，集中度提升，进而利润回升。这是近两年我国并购市场案例和金额均大幅度增长的基础逻辑。

在经济转型过程中，政府有义务承担托底责任，稳定就业，稳定社会秩序，使全社会有时间向新的经济部类转移，这是我们国家宏观政策提出“六个稳”[①]的重要原因。政府托底的方式也是比较有规律可循的：

1. 一定要鼓励产业间的并购行为，并给予更多的财税政策支持，以及要充分发挥资本市场的作用。

2. 一定要通过低税费的方式尽力保证小微企业、个体工商服务业的存活，使社会就业问题得以解决。

3. 打造新动能，提供新机会。这一问题几届政府都处理得比

① 2018年12月19日至21日，中央经济工作会议在北京举行。会议提出“六个稳”，即稳就业、稳金融、稳外贸、稳外资、稳投资、稳预期。

较得当，不过今后一段时间可以把对基建领域的支持力度适当减小，而在教育、医疗、养老、满足新需求等方面考虑加大些支持力度。

科创板推出有助于缩短危机历程

现在科创板来了，就其定位和资本市场本身的功能而言，将产生如下积极影响：

第一，其必然可以促进全社会的科技成果转化，让新的技术、新的动能更快地产生社会效益，吸收更多处于危机中的各类资源，使全社会停滞的产出尽快转变成有效益的产出；

第二，其必然可以更好地引导与高科技企业有关的并购，这种并购既包括传统企业通过并购高新技术企业实现转型，也包括高科技企业之间的持续并购以提高市场集中度。

危机的出现是客观规律，仅有程度、时间长短的不同，科技成果转化得好，社会资源引导得好，危机的程度自然就会浅一些，陷入困境的时间也会短一些。

从长远来看，借助科创板的力量，中国的高科技企业可以利用资本市场的各类手段快速吸收“营养”，成长壮大，这不仅利好企业个体，更是为我国产业升级、产业结构调整提供了最有力的支持。

降临

——中国资本市场的“特区”

其实地上本没有路，走的人多了，也便成了路。

——鲁迅

合抱之木，生于毫末；九层之台，起于累土；千里之行，始于足下。

——《道德经》

本章导读

如果把科创板看作动态的巨幅画卷，在开始欣赏前，观众需要了解画卷创作的成因，是在什么样的背景下诞生了这样一幅作品？就好像《千里江山图》并不只是描绘了祖国的大好河山，更是寄托了画家富国强兵的理想。

而科创板作为我国资本市场改革的排头兵和突破口，其地位像极了当年改革开放设立的特区。在我国目前的多层次资本市场体系中，已有主板、中小板、创业板、新三板等板块。在现有框架下，为何还要设立科创板？

请诸位带着这个问题，一起开始我们的鉴赏之旅。

“四象限理论”

要回答本章导读提出的问题，我们就要从源头出发。多层次资本市场的划分不是拍脑袋的结果，而是在发展的过程中，逐渐适应企业特点而建立起来的。企业的特点如何归纳总结？毕竟商业模式千差万别，行业也有几十种之多，如果不建立一套科学的方法，对企业特点的总结就会陷入混乱。

四个关键词

为了解决企业特点难总结的问题，笔者自创了一个模型。这个模型仅用 4 个词就轻松概括了企业特点。在这个模型的基础上，大家再来理解多层次资本市场的各个板块就会十分轻松。

我们先来看，一个资本市场的构成要素有哪些？一般会包括：

监管者与基础制度（含交易所）、中介机构、投资者和企业。

投资者可以分为专业投资者和普通投资者。一般而言，专业投资者比普通投资者的专业素质高，承担风险能力强，可以识别更专业的企业和技术，可以使用更复杂的金融工具；普通投资者在这方面要差很多，而且普通投资者大面积亏损的后果容易引发市场动荡。

企业按照规模大小和行业模式上的传统与新兴，可以简单分成四类：小传统、小新兴、大传统、大新兴。上述思想可以用一个“四象限模型”来概括，见图3。

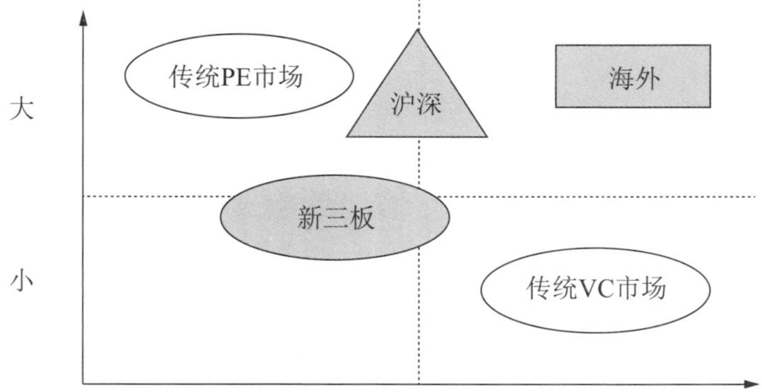

图3　企业四象限模型

资料来源：《金融不虚：新三板的逻辑》第25页，图1-5。

“小传统”，这类企业采取的商业模式，所处的行业都很传统，规模体量很小，几乎没有成长空间。它更像一个生意，不像一家企业，这类企业在全球资本市场的估值都不高。如图3所示，目前，在新三板[①]挂牌的企业大量分布在这个象限。

“小新兴”，这类企业虽然规模小，但想象空间大。这种类型的企业不管有没有上市，都是不错的投资对象。风险投资、天使投资比较偏爱这类企业。小新兴企业确实是风险投资可以给予高估值的品种，这符合人类逐利的天性。但是，小新兴企业受自身条件所限，无法满足资本的高流动性要求，故高流动性不是风险资本的必然追求。

“大传统”，这类企业体量比较大，所处的行业，采取的商业模式也都很传统，这类企业在A股市场很常见。

“大新兴”，这类企业体量大，商业模式好，技术先进。遗憾的是，很多这样的企业要么没上市，比如华为；要么就是在境外或海外上市，比如腾讯控股、阿里巴巴。对企业来说，只有大新兴和大传统才是在资本市场可以获得较好估值并获得较好流动性的品种，而高流动性是成功的资本市场的必然标志。

大新兴，大市值，科技大大板

目前，我国的A股市场是全球资本市场给予大传统企业估值最高、流动性最好的市场，没有之一。新三板市场则构建了“合格投资者+包容各类企业挂牌”这样一个模式，让各类中小企业

① 百度百科解释：“新三板”市场原指中关村科技园区非上市股份有限公司进入代办股份系统进行转让试点，因挂牌企业均为高科技企业而不同于原转让系统内的退市企业及原STAQ、NET系统挂牌公司，故形象地称为“新三板”。目前，新三板不再局限于中关村科技园区非上市股份有限公司，也不局限于天津滨海、武汉东湖以及上海张江等试点地的非上市股份有限公司，而是全国性的非上市股份有限公司股权交易平台，主要针对的是中小微型企业。

都获得“考试”机会，让优秀的小企业可以脱颖而出，这是构建、服务中小企业资本市场主阵地的必然之选。

不过资本是有所求的，想让资本服务于所有类型的中小微企业是不现实的。目前市场各参与方对新三板的失望主要来自对标主板市场上市企业高估值和其股票高流动性的攀比心理，对小企业较难获得高估值和其股票较难有高流动性的认知缺失，以及当年盲目挂牌或盲目投资行为带来的各种损失的自然反应。

因此，在培育和服务大新兴企业方面，中国目前的资本市场体系是有重大缺陷的。该缺陷不仅是制度上的，也有历史积淀所形成的现实改革阻力，无法通过生硬调整制度来解决，有待通过科创板的建设来弥补。

科创板的定位就需要对症下药，即坚持服务大新兴企业的定位，服务大市值的优秀科创企业。

科创板的这个定位，如果用一个新名词来概括的话，那就是——“科技大大板”①。

为何称作“大大”板，是指科创板要服务于两个“大”：一个“大”就是“大新兴”；另外一个“大”就是“大市值”。只有坚持“科技大大板”这个定位②，科创板将来才有可能为资本市场贡献新成就，令中国证券市场翱翔于世界资本市场之林。

① 在本书中，与此概念对应的是“科技小小板”，其含义为：市场很多人士预测，科创板是与新三板、创业板并列，或是介于新三板与创业板之间的板块，笔者认为这属于市场的重复建设，故称这种情况下的科创板为“科技小小板”。

② 关于该定位的详细解读，请参见本书“定位”一章。

短板和软肋

在科创板推出之前，尽管我国资本市场已经分了多个层次，但是从市值和业态角度分析，各个层次的资本市场在吸引大市值、新经济企业方面存在明显短板。

原因与我们的 A 股市场主要是由普通投资者构成，需要以维持市场稳定的视角来进行一系列非市场化的监管有关。

市值隐痛

让我们用在海外或境外上市的中概股典型公司与境内 A 股公司的市值数据来做比较，双方差距越大的地方，越是需要科创板补齐的 A 股市场的短板。

因为深交所上市企业是分板块的，而科创板是上交所设立的一个新板块，所以深交所不同板块上市企业的数据更有可比性（见表 1）。

表 1　深主板、中小板和创业板公司数量及总市值

上市板块	公司数量	总市值
深主板	474 家	61000 亿元
中小板	919 家	78500 亿元
创业板	736 家	447000 亿元

资料来源：Wind 资讯（以上数据截止日期为：2018 年 11 月 20 日，单位：人民币）。

目前，海外或境外的中资股上市公司家数有 330 多家，其中市值最大的两家公司分别是阿里巴巴和腾讯控股，目前两家公司市值如下（见表2）：

表2　阿里巴巴和腾讯控股市值

公司简称	市值（外币）	市值（人民币）
阿里巴巴	3800 亿美元	约 26600 亿元
腾讯控股	27000 亿港元	约 24000 亿元

资料来源：Wind 资讯（以上数据截止日期为：2018 年 11 月 20 日）。

数据对比的结果让人很失望，我们的创业板市场已建设了好多年，有近千家上市公司，但其总市值还不及阿里巴巴和腾讯控股两家公司的市值之和（见图4）。

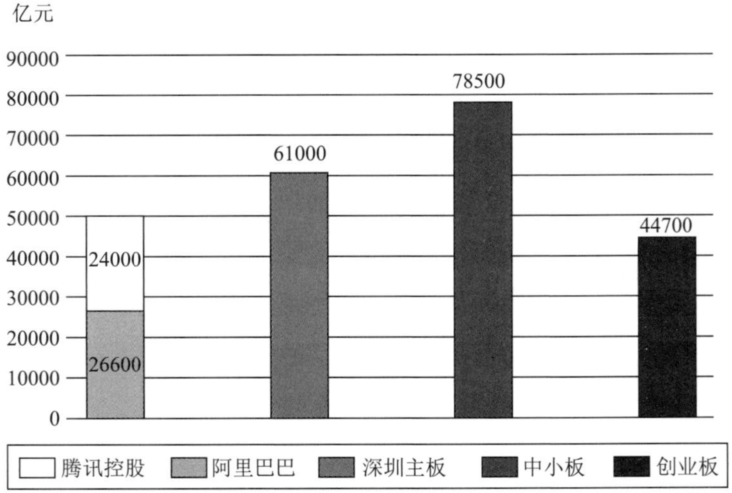

图4　腾讯控股和阿里巴巴与深主板、中小板、创业板的市值比较

资料来源：Wind 资讯（以上数据截止日期为：2018 年 11 月 20 日）。

其实在海外或境外上市的大市值股票还有小米（3000 亿元市

值）、网易（2000多亿元市值）、京东（2000多亿元市值）[①]。而截至2018年11月20日，中小板市场市值排前两名的公司分别为海康威视、顺丰控股；创业板市场市值排前两名分别为宁德时代、迈瑞医疗。这4家公司目前除海康威视外，其余3家的市值均不足2000亿元。

如果我们拿整个A股市场中最大市值的公司跟阿里巴巴和腾讯控股比较，结果见图5。

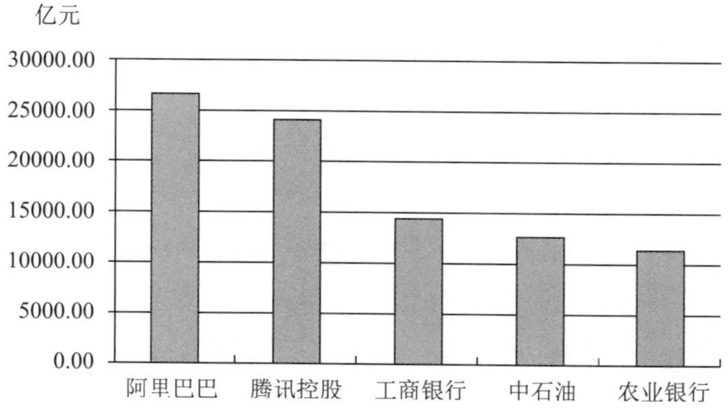

图5　在不同板块上市的大市值公司比较

资料来源：Wind资讯（以上数据截止日期为：2018年11月20日）。

事实上，我们的两家最大市值的公司都没有在A股上市，这是偶然吗？

我们再看一下目前整个A股市场中市值在2000亿元以上的公司（剔除金融企业），分别为：茅台、中石化、中国神华、长江电力、上汽集团、美的集团、工业富联、海康威视、万科、中国建筑、恒瑞医药、格力电器。

① 如无特别指明，本书涉及货币均指人民币。

从行业分布上看，主要涉及能源、房产建筑、工业制造、消费品；从企业性质上看，除了工业富联、恒瑞医药外，其余均为央企和大型地方国资企业。而我们前述列举的海外或境外注册制背景下的大市值公司所处行业均为以互联网为代表的新经济类型，企业性质均为民营企业，这恰好是A股市场目前的短板。

其实，在海外或境外上市的其他大市值公司里，还有类似携程、新东方、蔚来、新浪、吉利、阅文、陌陌、阿里健康等好多大家耳熟能详的公司，它们代表着中国的新经济素质，却在拉动着海外或境外市场的指数。

所以，叠加一个新板块，承载新经济，建设层次更为丰富的市场，就显得十分必需和必要。

核准制弊端

“核准制”与“注册制”概念相对应，其含义如下：证券发行核准制即所谓的实质管理原则，以欧洲各国的公司法为代表。依照证券发行核准制的要求，证券的发行不仅要以真实状况的充分公开为条件，而且必须符合证券管理机构制定的若干适于发行的实质条件。①

符合发行条件的公司，经证券管理机关批准后方可取得发行资格，在证券市场上发行证券。这一制度的目的在于禁止质量差的证券公开发行。核准制也被称作“实质审核”，主要是欧洲国

① 百度百科：核准制。

家和中国常见的上市方式。

历史上，中国股票发行制度经历了审批制和核准制。审批制带有计划经济色彩，行政力量定价，控制发行总量，按计划分配发行指标和额度。由地方或行业主管部门根据指标来推荐企业发行股票，这样的“审批制”已经落伍。

核准制前期有通道制，后期有保荐制。“通道制”即证监会向综合类券商下达可以推荐拟首次公开募股（IPO）的企业家数。券商只要具有主承销商资格，就可获得 2~9 个通道。“保荐制”历经 4 轮发行体制改革，是当今 A 股股票发行的主要审核制度。

可即便是保荐制，因为其核准时间过长，造成了“堰塞湖”现象，导致了大批拟 IPO 企业因为时间成本错失了最佳发行窗口期。那么把核准时间缩短，不就没有“堰塞湖”问题了吗？问题哪有这么简单。

当下的核准制把股票投资价值判断这件事交给了发审委员，而不是由广大市场投资者决定。这样的做法会让投资者理所当然地认为，炒股不会赔，因为股票都是证监会审过的。如果炒股赔了，那不是自己的问题，而是监管部门的问题。因此，核准制带给市场的错觉也明显与那句投资者教育经典理念——“入市有风险，投资需谨慎”相违背。

不过，这仅仅是核准制带来的表面问题。核准制带来的更深层次问题是审核理念相比经济高速发展的滞后。当下全球很多经济模式并非简单以盈利论英雄，而是以市值论英雄。可我们核准制的上市标准依然是利润指标，这样就会导致一个结果——我国的 A 股市场错失了大批优质新经济本土企业，例如“BAT”（百度、阿里巴巴、腾讯），它们均在香港地区或海外上市。

因此，A 股市场保留了大量传统企业，其投资价值自然无法与新经济企业相提并论。倘若再赶上熊市，投资者在“恨铁不成钢”的愤恨下，也会对核准制口诛笔伐。那么也就不难想象，大众对注册制充满了神往。

步履维艰

2018 年 11 月 5 日，习近平总书记在首届中国国际进口博览会上宣布，将在上海证券交易所设立科创板并试点注册制。“注册制”从习近平总书记的口中讲出，激发了市场的巨大期待。

其实早在几年前，政府层面就提出过注册制改革。只不过，注册制的改革有点“难产”。笔者为读者们梳理了一下我国股票发行注册制改革的推进历程，大家可以自行体会这其中的艰辛。

■ 2013 年 11 月，中共十八届三中全会审议通过的《中共中央关于全面深化改革若干重大问题的决定》中明确提出推进股票发行注册制改革；

■ 2015 年 3 月，“实行股票发行注册制改革”被写入当年政府工作报告；

■ 2015 年 4 月，证券法修订草案提请一审时，还明确取消股票发行审核委员会制度，规定公开发行股票并拟在证券交易所上市交易的，由证券交易所负责对注册文件的齐备性、一致性、可理解性进行审核；

■ 2015 年 12 月 27 日，全国人大授权国务院在实施股票发行注册制改革中调整适用证券法，从 2016 年 3 月 1 日起实行，期限是两年，2018 年 2 月 28 日到期；

■ 2017 年，证券法二审稿中没有关于注册制的相关表述；

■ 2018 年 2 月 23 日，《关于延长授权国务院在实施股票发行注册制改革中调整适用〈中华人民共和国证券法〉有关规定期限的决定（草案）》提请全国人大常委会审议，拟将相关授权再延长两年，至 2020 年 2 月 29 日。

由此可见，在顶层设计层面，国家也有纠结。至于为什么纠结，无外乎出于这些顾虑：

1. 法制不健全。我国的证券法是好几年前的版本，已经不能与时俱进，对于造假上市者，惩罚力度太小。而最新修订版的证券法，迟迟没有推出。在注册制背景下，一旦起了纠纷，投资者只能依靠司法体系，而我国暂时没有集体诉讼制度。

按照美国的经验，在注册制背景下，依靠法律来把关，其中最有效的方式就是集体诉讼。一旦集体诉讼启动，法院都高度重视，这样才能真正保护投资者的利益，保证证券市场良好运行。

2. 市场环境不成熟。在注册制下，做空制度能起到一定的市场监督作用。而目前的 A 股市场，做空制度没有历史传统，可用的手段也很有限。融资融券制度在 A 股并没有发挥应有的作用。

3. 我国独特的国情。中国存在金融压抑现象，老百姓的理财渠道非常有限，在这样的背景下，贸然推进注册制，如果造成不良的社会影响，则是管理层所不能容忍的。

一声令下

中国速度

尽管当下在我国现阶段推行注册制面临种种困难，但注册制还是来了。注册制的试点工作将在上交所的科创板进行。一时间，科创板风头无二。与前些年注册制的推进速度相比，科创板已然展示了某种“自上而下”、雷厉风行的态度，令证券市场各参与主体惊叹。

■ 2018 年 11 月 5 日，习近平总书记出席进博会开幕式，在主题演讲中表示将在上交所设立科创板并试点注册制，证监会、上交所答记者问；

■ 2018 年 11 月中下旬，上交所就设立科创板并试点注册制等事项听取业内意见，上海市委开展调研，副市长吴清就科创板发表讲话；

■ 2018 年 12 月初，上交所就设立科创板并试点注册制召开座谈会，随后确认科创板机构设置安排；

■ 2018 年 12 月下旬，证监会、上交所宣布科创板落地为 2019 年重点工作任务之首，中央经济工作会议指出要推动科创板并试点注册制尽快落地；

■ 2019 年 1 月 16 日，科创板规则征求意见稿大方向确定，最后修订部分细节；

■ 2019 年 1 月 23 日，习近平总书记在中央全面深化改革委员会第六次会议发表重要讲话，会议审议通过科创板以及试点注册制的实施方案及意见；

■ 2019 年 3 月 2 日，上交所正式发布并即日起开始实施科创板“2+6”制度规则，内容包括证监会制定发布的两项部门规章和上交所制定发布的 6 项配套业务规则；

■ 2019 年 3 月 15 日，上交所正式发布《保荐人通过上海证券交易所科创板股票发行上市审核系统办理业务指南》与《科创板创新试点红筹企业财务报告信息披露指引》；

■ 2019 年 3 月 18 日，科创板发审系统上线；

■ 2019 年 3 月 22 日，科创板首批受理企业揭晓；从 3 月 27 日起，第二批、第三批……科创板受理名单陆续出炉；

■ 2019 年 4 月 4 日，上交所发布《关于聘任上海证券交易所第一届科技创新咨询委员会委员的公告》和《关于聘任上海证券交易所第一届科创板股票上市委员会委员的公告》；

■ 2019 年 4 月 16 日，上交所发布了《上海证券交易所科创板股票发行与承销业务指引》；

■ 2019 年 4 月 23 日，上交所网站公布 3 家科创板受理企业提交的首轮问询回复，并答记者问；

■ 2019 年 4 月 30 日，上交所、证金公司和中国结算联合发布了《上海证券交易所 中国证券金融股份有限公司 中国证券登记结算有限责任公司科创板转融通证券出借和转融券业务实施细则》；

■ 2019 年 5 月 11 日，科创板举行第一次全网测试；

■ 2019 年 5 月 31 日，中国证券业协会发布《科创板首次公开发行股票承销业务规范》；

■ 2019 年 6 月 13 日，科创板正式开板；

■ 2019 年 6 月 21 日，最高人民法院发布《最高人民法院关于为设立科创板并试点注册制改革提供司法保障的若干意见》提出 17 条措施为科创板以及注册制改革保驾护航。

科创板从筹备到开板，前后也就半年多时间，这样的中国速度令人惊叹。惊叹之余，我们不禁要问，相比当年的深圳创业板和北京新三板，上海科创板的推进为何如此坚决而迅速?

从政治层面讲，科创板是习近平总书记宣布推出的板块，其政治意义不言而喻。从市场层面讲，科创板的推出既可以看作市场竞争倒逼的结果，也可以看作前期试验所得经验的自然升华。

板块竞争

市场竞争这点不难理解，2018 年 11 月 5 日科创板宣布推出之际，恰好处于某些国家贸易纠纷关键时期，中国各大证券交易所之间的竞争也日趋白热化，中国证券市场格局早已进入北京（新三板）、上海（主板 + 科创板）、深圳（主板 + 中小板 + 创业板）、香港（港交所[①]）在内的四大市场“春秋战国”的时代。

就港交所而言，已经积极做出了“同股不同权”公司上市的尝试，这无疑是争夺内地优秀上市公司之举。大批优秀科技创新企业并未在 A 股市场上市，而是远赴海外或境外市场融资，这点已经被国内市场诟病良久，国内急需要开辟一块可以扶植科技创新企业上市的证券市场新板块。

接下来，在注册制推出过程中，新三板作为国内唯一的“准

① 香港交易及结算所有限公司历史演变复杂，为了简化处理，本书统一采用“港交所”的简称。

注册制”试验田已经耕耘了近6年。新三板囊括了万家中小微企业，无论是在发行制度、交易制度还是在市场监管方面，新三板都自成体系。新三板作为注册制试验田所遇到的“坑”和走过的弯路，都可以很好地成为科创板未来建设的重要参考。

因此，针对“网红”科创板，大家的解读更多地聚焦和围绕以下两点展开：第一，落实创新驱动和科技强国战略，扶植科技型企业发展，为 VC 和 PE 提供重要的退出通道；第二，完善资本市场基础制度，以增量改革的形式践行注册制。

战略深意

让我们继续发散思维，解读一下科创板背后的战略深意。我们需要先看一下设立科创板并试点注册制的背景。

设立科创板并试点注册制的举措是在首届中国国际进口博览会上提出的，而该进口博览会是全球迄今为止第一个以进口为主题的国家级博览会，这在国际贸易发展史上是一大创举，在当今世界贸易促进领域也是独一无二的。当然，这也是在全球贸易摩擦大背景下推出的。

我们分拆并分析习近平总书记讲话的部分原文。

1. 提出这项举措的目的是：“为了更好发挥上海等地区在对外开放中的重要作用，……”这里面至少包含两层意思：（1）在上海等地区（长三角一体化）；（2）在这样的国际环境中继续扩大开放。

2. “……在上海证券交易所设立科创板并试点注册制，支持上海国际金融中心和科技创新中心建设，不断完善资本市场基础制度；……” 这里面的含义除了大家解读的扶植科技创新、试点注册制外，我们普遍漏掉了“支持上海国际金融中心建设”的字眼。

国际金融中心的标配绝对少不了什么？那就是有一流的国际资本市场，而一流的国际资本市场应该有什么？至少应该有以下 3 点：

1. 得有国际通行的发行、上市、交易、投资者适当性、信息披露、退市与处罚等基础制度。

2. 得有国际一流的上市企业，最有影响力的当然是全球最著名的科技巨头。

3. 得有比较通畅的外汇进出渠道。

那么，通过增量改革，引入国际资本最为熟悉的资本市场基础制度；通过市场建设，吸引全球最优秀的科技型企业入驻，争夺国际资本市场制高点，并以此继续推进人民币的国际化和自由兑换，这个意义就显然不止推动科技型企业快速发展那样一个窄的维度。

设立科创板并试点注册制举措的深意使得改革目标远比我们认为在主板、中小板、创业板、新三板之间再丰富一个层级更宏大。也许科创板才是中国资本市场的最高层级板块也未可知。如果是这样，我们再煞费苦心地争论科创板对原有板块有什么冲击，如何应对并愁眉苦脸就没有什么意义。

我们应该更有理由更好地建设其他几个板块，以此作为科创板的坚实基石，并高度支持早日把科创板建设成功，推动国家金融战略的实现。根本无须争论科创板对其他板块的冲击，因为科创板才是最重要的板块。如果有对手，那也不应是国内的创业板、中小板，而是海外资本市场。

永远的“增量”

积极拥抱变革

科创板刚提出的时候，市场反应形形色色，有人欢迎，也有人担心。

人们有上述反应很正常，因为旧体制积弊已久、利益格局难以打破，无论是“推倒重来”，还是增量改革，都会阻力重重，甚至会带来不小的困难。怀疑也好，谩骂也罢，也许是因为投资者在过往曾受到过一些挫折（在金融业中的形象的说法叫形成过一些不良资产），遭受过一些损失。

该如何应对这些困难呢?

最直观的反应是认真对待，积极处理，尽可能地减少和挽回损失。多数投资者和企业大多还会总结经验、亡羊补牢、查缺补漏，以免再犯同样的错误。

这都是正确的应对方式，但是在很多情形下，简单做到上述几点都只能是减少损失，却无法完全覆盖或者化解风险，把自己全副武装起来的结果，有时甚至会让后面的变革举步维艰。

乐观的做法是除上述措施之外，还要努力迎接变革、拥抱变革，用成长和盈利化解风险、覆盖风险。小至企业，大至国家，悲观的人也许更多是从静态的角度看问题。因为静态地看，很多问题无法现时解决，窟窿无法弥补，乱子必然会出。

但是动态地看，只要能进步，当增量足够大，原来的问题看起来就没有那么难解，或者就会有更多条路、更好的解决方式，这也许就是世界观。世界观决定命运，此言非虚。

天时地利人和

科创板的推出被大家看作资本市场的增量改革。何谓增量改革呢？旧体制、利益格局难以改变和打破，简单推倒重来阻力重重，一刀切式地力推也容易激化各方矛盾，处理不好还可能引起市场动荡。

此时，可以保留老的利益格局不动，而新开辟一个战场，隔开新旧势力，给出新的制度规则，吸引和培育新的力量，并用新的成果引导更多的旧势力加入。这样，随着增量越来越多，占比越来越大，旧有矛盾就会越来越弱化，直至迎刃而解。

在中国历史上的改革过程中，启用增量改革模式是屡试不爽的，比如我们熟知的各类所谓“双轨制”，各类“新区”“特区”，等等。增量改革的路径和方式为我们过去40多年的改革实践贡献了大量的案例，大量的惊喜。比如南海边的明珠——深圳，就是增量改革成功的典型代表，不仅为我国贡献了一个新的大型城市，更重要的是让我们多了一种精神、一种朝气。

直观理解，一个增量改革措施能获得多大成就大概需要几方面的要素：

1. 老制度是否沉疴已久、饱受诟病？这代表了民心和民意。

2. 新的改革能否举全国之力，或仅是区域行为？这决定了改革所能获取和吸收的资源。

3. 新的改革有没有资源独占性？这决定了区域竞争的激烈

程度。

4. 执行改革的地方政府和具体执行者是否既有开阔的视野和一定的思想高度，同时又具备非常扎实、细致的落地能力。

从以上 4 个方面来看，笔者认为科创板成功的概率极大，理由如下：

首先，中国资本市场经历近 30 年的发展，在取得巨大成就的同时，确实积累了很多制度性的矛盾，最典型的后果之一就是我国最大市值的新经济代表公司都出走海外或境外。在新旧动能转换过程中，中国资本市场的旧有制度很难再有更强的推动力，同时由于大量散户参与的格局一时难以扭转，直接落地类似注册制、强行退市等制度确实容易激化矛盾。

其次，这次改革虽然落户上海，但是上市资源是全国性的，提供服务的机构、参与的投资者都是全国性的，这个板块会有大量的资源供给，这与全国众多其他类型的区域改革完全不一样。

再次，上市资源在中国是稀缺的，注册制目前为科创板所独有，其他板块市场完全无法与之竞争。

最后，有目共睹，上海市政府和执行人员的能力和素质确实很高，既有办大事的经验，比较好的国际化视野，又在全国以心思细致细腻著称，把一件事情无微不至干好的能力全国少见。

除了上述分析，笔者觉得还有两个原因也有必要强调一下：一是作为一个 GDP 大国，我国确实有很多高新技术大市值公司的储备；二是因为前几年新三板的建设可能打破了很多国人不切实际的幻想，大家能更脚踏实地地规划科创板的发展前景。

基于以上几点，科创板最终落子上海，真的有点天时地利人和之味道，这是笔者看好科创板可以成功的主要原因。

对标

——逻辑自洽的美国“榜样”

情况是在不断地变化，要使自己的思想适应新的情况，就得学习。

——毛泽东

见贤思齐焉，见不贤而内自省也。

——《论语》

科创板来了，注册制究竟怎么建设，我们还是需要找榜样学习的。因此，我们非常有必要了解国外经过市场若干年检验的注册制全貌究竟是怎样的。市面上虽然有很多文章分析海外市场的注册制，但缺点是只关注了局部，而非全貌。比如，很多分析注册制的文章将关注点放在了如何审核方面，这还是受到了核准制下“重审核”的思维局限。

在笔者看来，注册制的成功绝不是某个单方面因素的胜利，它把多年实战的血泪教训总结，有机地融合了市场之手和政府之手的力量，使得受庞杂因素驱动的注册制，自成闭环，逻辑自洽，达到了一个“均衡”状态。

因此，全面了解海外市场的注册制，对于我们正确认识科创板，非常有必要。

破除偏见

注册制≠不审核

科创板将要推行的注册制，其定义是什么？摘一段从网上搜索出来的定义给大家：[①]

证券发行注册制是指证券发行申请人依法将与证券发行有关的一切信息和资料公开，制成法律文件，送交主管机构审查，主管机构只负责审查发行申请人提供的信息和资料是否履行了信息披露义务的一种制度。其最重要的特征是：在注册制下证券发行审核机构只对注册文件进行形式审查，不进行实质判断。

① 百度百科：注册制。

这个定义容易让投资者误解，认为注册制好像就是不对注册文件的内容进行审核，这是个超级大误区。事实上，注册制绝对不是不审核注册文件的内容，只是强调发行人要详尽披露信息，而审核机关不对披露的信息本身做好坏方面的实质性判断。

很多文章在分析注册制时容易陷入一个误区，大家都会把主要精力放在注册制如何审核上。其实从审核角度来看，注册制和核准制的差别并不大。也许是因为我国以前的新股发行制度的最关键环节就是过审，一旦拟上市企业通过中国证监会的审核就万事大吉，之后的定价、发行、上市基本上就是走流程了，不存在什么难度。

海外市场的注册制却并非如此，以美国为例，发行人要在美国申请上市，需要回答美国证监会就上市材料提出的问题，提问次数不等，少则三四次，多则七八次，直到证监会满意，认为不需要继续提问为止，然后再走后续流程进行注册。

常规情况下，美国证监会的审核问题基本均在 100 个以上，问题内容除了涉及公司历史、财务信息外，照样会涉及公司的未来发展情况。此时美国证监会关心的是，发行人对所有该披露的问题是否都披露得清晰、完整和充分，至于这样的问题是否影响公司的投资价值，美国证监会则不会替投资者判断。

注册制≠没门槛

认为“注册制相当于没门槛”是国内众多专业人士陷入的又一个大误区。一说注册制，大家就以为是家企业就能上市，但事实并非如此。在笔者看来，注册制至少有双重上市门槛。

第一重门槛，是交易所制定的基本门槛，如纳斯达克全球精选和全球市场的基本门槛（见表 3 和表 4）。

表 3　纳斯达克全球精选市场的上市基本门槛

项目	标准 1	标准 2	标准 3	标准 4
	上市规则	上市规则	上市规则	上市规则
	5315（e）& 5315（f）（3）（A）	5315（e）& 5315（f）（3）（B）	5315（e）& 5315（f）（3）（C）	5315（e）& 5315（f）（3）（D）
税前利润	前 3 个财年总计 ≥ 1100 万美元且近两个财年每年 ≥ 220 万美元且前 3 个财年每年都无亏损	不适用	不适用	不适用
现金流	不适用	前 3 个财年总计 ≥ 2750 万美元且前 3 个财年每年都为现金净流入	不适用	不适用
市值	不适用	上市前 12 个月平均 ≥ 5.5 亿美元	上市前 12 个月平均 ≥ 8.5 亿美元	1.6 亿美元
收入	不适用	前一财年 ≥ 1.1 亿美元	前一财年 ≥ 9000 万美元	不适用
总资产	不适用	不适用	不适用	在最近的一个财年达 8000 万美元
股东权益	不适用	不适用	不适用	在最近的一个财年达 5500 万美元
交易股价	不低于 4 美元	不低于 4 美元	不低于 4 美元	不低于 4 美元
做市商	3 个或 4 个	3 个或 4 个	3 个或 4 个	3 个或 4 个

续表

项目	标准 1	标准 2	标准 3	标准 4
	上市规则	上市规则	上市规则	上市规则
	5315（e）& 5315（f）（3）（A）	5315（e）& 5315（f）（3）（B）	5315（e）& 5315（f）（3）（C）	5315（e）& 5315（f）（3）（D）
公司治理	是	是	是	是

资料来源：纳斯达克网站。

表 4　纳斯达克全球市场的上市基本门槛

项目	利润标准	权益标准	市值标准	总资产 / 总收入标准
	上市规则	上市规则	上市规则	上市规则
	5405（a）& 5405（b）（1）	5405（a）& 5405（b）（2）	5405（a）& 5405（b）（3）	5405（a）& 5405（b）（4）
可持续业务的税前利润（最近两个财年或最近 3 个财年中的两个）	不少于 100 万美元	不适用	不适用	不适用
股东权益	不少于 1500 万美元	不少于 3000 万美元	不适用	不适用
挂牌证券的总市值	不适用	不适用	不少于 7500 万美元	不适用
总资产 / 总收入（最近两个财年或最近 3 个财年中的两个）	不适用	不适用	不适用	不少于 7500 万美元
公开流通股份	不少于 110 万股	不少于 110 万股	不少于 110 万股	不少于 110 万股

续表

项目	利润标准	权益标准	市值标准	总资产 / 总收入标准
	上市规则	上市规则	上市规则	上市规则
	5405（a）& 5405（b）（1）	5405（a）& 5405（b）（2）	5405（a）& 5405（b）（3）	5405（a）& 5405（b）（4）
公开流通股份的总市值	不少于 800 万美元	不少于 1800 万美元	不少于 2000 万美元	不少于 2000 万美元
交易股价	不低于 4 美元	不低于 4 美元	不低于 4 美元	不低于 4 美元
股东数（整手股东）	不少于 400 个	不少于 400 个	不少于 400 个	不少于 400 个
做市商	不少于 3 个	不少于 3 个	不少于 4 个	不少于 4 个
经营历史	不适用	2 年	不适用	不适用
公司治理	是	是	是	是

资料来源：纳斯达克网站。

以纳斯达克为例，纳斯达克将股票市场分为 3 个层次，各自有不同的申请标准，也即上市门槛。

前面列了纳斯达克两个层级的上市标准给大家参考。再结合我国股票发行核准制的标准来看，核准制下的上市门槛对于企业盈利指标更为重视，而注册制下的上市门槛在财务指标方面则宽松很多。

第二重门槛，是中介机构自行设定的门槛。

这个门槛会显著高于交易所制定的基本门槛。原因是在注册制条件下，中介机构承担着更为重要的保荐责任，同时承销商的承销任务更为艰巨。如果保荐机构为了赚钱降低项目筛选标准，那么最后一旦旗下项目发行失败，保荐机构会付出巨大的成本，还得不到什么收益，反而得不偿失。

所以，不管是站在防范风险的角度，还是营业获利的角度，中介机构都会人为地把保荐门槛提高，从而使第二重门槛远高于第一重门槛。这方面，大家可以简单参考国内券商在中小创市场上市保荐的经验。我们的“中小创”[①]板块法定上市利润标准其实不高，但在实操中，真正成功 IPO 的项目其利润水平都是远高于法定标准的。选择高于法定标准的项目进行保荐，本身就是给保荐机构的项目成功多加了一层保险。

时间的礼物

“设立科创板并试点注册制”作为资本市场的重大利好，受到市场热捧和欢迎，是有原因的。大家都知道注册制“好”，那么，它究竟有多好呢？我们从时间维度入手，来看看注册制可以给一个经济体带来哪些积极影响。

短期：注册制在效率上完胜

对比核准制，注册制下企业上市所需时间更短，一般几个月企业就可完成上市工作。大家不要小看这个时间窗口，现在企业的生命周期更迭速度越来越快，以前那种动辄 2~3 年的 IPO 时间，会让很多企业错失好的募投项目和融资机会。

如果企业上市时间缩短，自然，IPO 发行数量和规模在短期

① 指中小板和创业板。

内会有较为明显的提升，可大大缓解企业的融资需求，提高企业的直接融资比重，降低其债务水平。以中国台湾为例，在其实行注册制的前 5 年和后 5 年，IPO 数量增幅为 110%，融资规模增幅为 436%。

此外，注册制下新股定价机制能更好地反映市场中投资者对新股的真实需求，以市场化的价格指导市场内的资源优化配置，从而提升新股定价、发行的市场化程度，更有效地发挥市场的融资和定价功能，以实现市场的效益最大化和效率最优化。

中期：注册制的自调节机制

注册制的制度设计，导致其对投资者教育和警示更为深刻。包容、多元的上市条件带来的必定是千差万别、良莠不齐的公司，甚至可能会有亏损企业或者负资产企业上市。如果投资者不能慧眼识珠，妄想靠盲目跟风获取超额收益，那么只能自掏腰包交学费。笔者认为，通过吃亏得到的教训，远比天天挂在嘴边的说教来得更加深刻。说到这，读者们也就理解了为什么美国股市都是机构投资者在炒股，而个人投资者参与的比例很小。

前文提到，注册制在短期内会促进 IPO 发行数量和规模的提升。不过这个趋势不会一直持续下去。把时间周期稍微拉长一点看，注册制下 IPO 的节奏由市场决定，IPO 的数量和规模与市场情绪密切相关。以美国为例，2001 年至 2016 年，美国平均每年有 317 家企业 IPO。2017 年后，美股市场波幅变大，投资者信心不高，截至 2017 年 8 月 14 日，美股 IPO 数量仅为 156 家，为近 5 年来同期最小值。

此外，注册制会潜移默化地影响资本市场结构。以学习美国经验的中国台湾为例，其股市在没有实行注册制的时候，上市公司的所属行业集中于传统行业，比如钢铁、水泥、塑料等。而中国台湾股市在1989年引入注册制之后，高科技上市公司逐渐增多，我们熟悉的台湾知名的半导体产业就在注册制的影响下逐步发展壮大，在2007年后，半导体产业板块就一直稳居中国台湾股市市值的头把交椅。

再看大名鼎鼎的纳斯达克。纳斯达克从推出至今，一直立足于服务科技型、创新型、反传统商业模式的新兴企业，定位为科创企业落地的实现板块。根据Wind和Bloomberg最新数据，截至2019年2月，纳斯达克共有16家上市公司的市值超过千亿美元，以数量不及纳斯达克全部上市公司1%的比重，占据了其近42%的市值比重。

远期：注册制与经济转型“和谐共振”

微观经济学教给大家一个最基本的道理便是，供给与需求共同影响价格。在供给不足，需求旺盛的情况下，价格是虚高的；在供给剩余，需求疲软的情况下，价格是偏低的。

同理，在股票市场，股票价格就是供给方（上市公司）和需求方（投资者）之间博弈的结果。而这个结果反映到具体个股上，就是市盈率。从公式来看，市盈率是股票价格除以每股盈利的结果，在每股盈利不变的情况下，需求旺盛，自然推高股价，从而推高市盈率。

在核准制下，供给很有限，而需求又很旺盛，那么股票的市盈率肯定是偏高的。数据可以证明上述观点，根据 Wind，近 10 年来，我国创业板、中小板的市盈率均值分别为41.4倍和63.29倍，与美国纳斯达克综合指数 30 倍左右的市盈率、标普中国香港创业板指数 20 倍左右的市盈率相比，估值明显偏高。

注册制的实施，会改变这个局面。注册制包容性的上市条件会带来股票供给增加，但投资者需求变化应该不大，随着其选择个股范围的扩大，整体市场的市盈率均值会逐渐回归合理估值。例如，在引入注册制前后，中国台湾股市整体的市盈率从最高时的60倍逐步下降到10倍，估值呈现下移趋势，逐渐回归合理区间。

当然，读者们不要误解，实际上回归合理区间的是市场整体估值的平均值。就个股而言，其市盈率会出现分化现象，受市场追捧的股票会有一个更高的市盈率水平；而基本面较差，不具成长性的个股，其市盈率将难再被高估。总之，注册制改革将引导市场估值体系重建。

估值重新回归后，优质创新型公司会受到资本的青睐，更多的资本市场资源会配置到这些优质标的上，久而久之，经济结构随之转型，代表未来发展方向的企业和产业将获得大发展。众所周知，20 世纪末 21 世纪初，美国经济创造了持续增长 108 个月的奇迹，在此期间，美国经济持续稳定地增长，并且，该时期也成为美国历史上经济持续增长最长的时期。

辉煌背后的原因，当然离不开科技进步的贡献；但科技之所以能如此高效地转化为生产力，当然离不开完善的风险投资制度。而风投制度要良性运转起来，就要有通畅的退出通道，这样风投资本才可以赚到钱从而投入下一个项目。这个退出通道就是纳斯达克市场。

这从纳斯达克孕育的明星企业中也可见一斑。用今天的眼光来看，这些企业个个都称得上是独角兽，比如英特尔、爱立信、高通、戴尔、甲骨文、雅虎、微软等。其中，微软在2019年的市值更是达到了万亿美元，自2002年以来重回全球科技企业市值之巅。

从产业结构来看，纳斯达克的快速发展吸引并孕育了一大批优质的高科技公司，20世纪信息技术类公司的行业规模及比重持续增加；进入21世纪，由于互联网商务、生物医药等新兴产业的发展和涌入，信息技术产业所占比重有所降低，而生物医药、金融等行业占比快速提高。

逻辑上的自洽

注册制在一些国家和地区取得了巨大成功，我们不禁要追问，注册制成功的原因究竟是什么？可能有人认为是审核效率的提高，也有人认为是信息披露制度的严格执行，但这些观点都只说对了某个方面。注册制的成功不是某个单方面因素作用的结果，而是各方面因素综合作用的结果。

说得直白一点，注册制更像是一个复杂的生态系统，在这个系统中，各个主体互相协作，尽职做好各自分内工作，如若有破坏系统的不和谐因素出现，系统也会有各种手段来消灭这种不和谐因素及其产生的不良影响。

因此，注册制的成功是一个复杂系统的成功。注册制下的各项配套制度根据多年来在市场中摸爬滚打得来的经验教训，形成了一个逻辑自洽的闭环。只有建立了这样的认知基础，你才能真正理解注册制。

吐故纳新，实现自循环

人类虽然已经称霸地球很多年，但某种程度来说依旧很渺小。很多事情，在推进过程中遇到困难的时候，人们还是要求助自然界。大自然的很多规律都适用于我们人类社会，谁让人类也是大自然的杰作呢！建设资本市场也同理。

资本市场作为一个自循环的组织，要想健康成长，“有进有出”才能达到动态平衡。“只进不出”会导致有害物质堵塞组织系统，最终影响组织系统自循环的功能。在现实生活中，小到人体，大到资本市场，都要“有进有出”，身体才能健康。

“只进不怎么出”的主板大家已经历过，2013 年以来，A 股市场退市企业家数仅为个位数。2013—2017 年美股市场退市率约为 6.24%，港股市场约为 0.59%，而 A 股市场仅为 0.14%。ST 制度、并购重组制度以及借壳上市制度使得拟退市公司有很多机会可以进行“华丽转身”，逃避退市。这种现象导致 A 股中很多垃圾股的股价被严重高估。

甚至有学者进行研究后发现，许多时候买垃圾股才是沪深股市最赚钱的投资策略。比如，自 2005 年至 2012 年期间，投资者在拥有同等资金量的前提下，如果选择买入当时市场上所有的 ST 股票，获得的收益率高达 591%。能获得如此高的收益率也很好理解，因为总有一些股票会因为资产重组成功而获得股价翻倍的机会。而同期上证指数的收益率仅为 94%，远低于投资 ST 股票的收益率。[①]

这种现象带来的后果也不难想象，退市难导致大量垃圾股公

① 《中国新股发行注册制改革通论》第 363 页。

司没有被及时清理出 A 股市场，导致整个市场缺乏活力，市场的部分功能丧失。整个证券市场笼罩在严重的投机氛围中，而价值投资则成为被某些投资者耻笑的投资方式，市场呈现出严重的散户化倾向。

这些垃圾股不仅不创造生产力，反而占用和浪费上市资源，导致 A 股市场疯狂炒作成风，严重扭曲了市场价值和市场投资理念，“劣币驱逐良币”的现象越来越严重。长此以往，“劣币”占用市场优质资源，而“良币”却无法享受证券市场的优质资源配置，这样的市场，最终逃不掉衰亡和没落的命运。

因此，注册制要打破的，就是这种荒谬、不符合自然规律的现象。在注册制制度下，市场自然是有进有出，只不过“进”是“宽进”，“出”是“严出”。下面我们就展开讲讲注册制下的“宽进”和“严出”。

“宽进”也要实质性审查

在注册制的语境里，“宽进”意味着上市条件的多元和包容。说到这里，可能很多投资者的第一反应就是，注册制的审核不用怎么审，只要上报的资料在形式上合规即可，监管层一般不对资料内容进行实质性判断。这不就是“宽进”吗？但这一理解并不准确。

其实，从审核理念角度讲，注册制与核准制并不完全对立，二者有很多相通之处。我们先来看美国。由于美国联邦制的政治体制和独特的证券市场发展历史，美国的注册制实际上形成了联邦与州的双重监管。

美国式注册制审查的内涵相当丰富，一方面是联邦、州和交易所都具备审查企业的权力；另一方面则是它们的关注点各有不同，绝不仅是形式上的材料合规这么简单：美国证券交易委员会（SEC）促使企业披露对普通投资者投资有“实质影响”的信息，州政府会根据企业情况有不同的审核要求，从而采取不同的注册方式[①]，交易所则要求上市公司在财务、流动性、公司治理等方面达到标准。

在这里插一句，美国的证券公开发行和证券上市是两个可以分开的操作。公司股票可以仅公开发行但不上市，也可以公开发行一段时间后再寻求上市，还可以公开发行并上市（IPO），甚至不通过公开发行也可以直接上市（如 Spotify 的案例）。证券的公开发行需至州层面和联邦层面注册，证券的上市需经交易所审核。

在审核理念方面，美国不同的州之间的差异较大，交易所则主要审核拟上市公司是否符合交易所规定的上市标准。我们重点来看看 SEC 会审什么。

事实上，SEC 对公开发行证券的审查并不仅仅是从形式上保证材料的合规性，而且还通过反复的询问并要求发行人如实回答，使企业充分展示其商业模式、运营合规性和潜在风险。比如，公司财务数字与公司经营情况要结合起来看，看两者是否存在矛盾之处；对于风险因素务必充分提示；关联交易要充分披露细节；对公司未来发展前景的预测和判断要谨慎，并辅之以谨慎性提示。

以下是 SEC 在意见信中经常提及的一些问题：

1. 公司的产品、服务等业务情况；

① 美国各州的注册方式有 3 种：通知注册、协调注册和资质注册。

2. 新产品的开发、生产、营销及客户满意度；

3. 管理人员的背景和工作经历是否有遗漏或存在虚假之处，是否有失败的工作经历；

4. 是否有关联交易未予以披露；

5. 注意通过给财务报表加脚注，并加上风险因素，对财务报表做进一步披露；

6. 管理层的讨论与分析是否不够充分，尤其是对业务的讨论。①

我们来看京东当时在美股市场上市时收到的一些反馈意见。SEC 在反馈意见中要求京东：补充“3580 万活跃用户”中“活跃”是如何定义的；要求其披露如何判断给用户带来所谓“愉快的上网购物经历”；解释一个曾经有过的重大网络事故；提供一个政府监管对业务实质性影响的说明；等等。这些要求补充披露的信息覆盖范围广且细致，更利于投资者对公司未来价值的判断评估，而不仅仅是对过往历史的陈述。

由此可见，SEC 更加关心披露的材料能否充分揭示企业经营的商业模式、未来的机遇和风险，能否帮助投资者准确判断企业的投资价值。SEC 对于注册申请书的审查并非如某些人士所理解的那样，即仅做申请备案或纯粹的书面审查，而是在披露基础上嵌入一定的实质性审查。

我们再来看学习了美股经验的港股市场，除了法定的上市标准外，港股市场还有适应性审查环节。适合性审查并无特定的明确测试界限，而是会考虑 IPO 个案的实际情况，例如董事及控股股东是否胜任、公司的规模和前景是否与上市目的匹配等等。港

① 《公开上市》第 177 页。

交所做出的实质性审核案例的数量比 SEC 更多，2013—2017 年被港交所拒绝的上市申请案例共计 39 起。从这些案例被否的原因来看，港交所会关心企业是否有不可持续的业务模式，利润是否有下降趋势，募投项目是否值得融资，等等。

细化可操作的退市制度

接下来我们解释注册制下的“严出”问题。有一点需要特别强调，这个“严”不是指退市难，而是指退市规定严格，一旦达到相关规定，就要退市。科学的退市制度不仅有利于证券市场的动态平衡，也符合企业生命周期理论。

企业的成长路径不可能是始终向上的曲线，而会是一条从谷底到峰顶，再到谷底的曲线。通俗一点讲，就是任何企业都会经历从稚嫩到成熟，再到衰落这样的历程。企业在从稚嫩走向成熟的阶段，资本市场可适当放宽上市标准，助力企业上市融资，帮助其获得更多发展壮大的机会；而对于由成熟步入衰败的企业，则通过科学的退市制度实现优胜劣汰，集中市场资源服务于更有希望的新兴企业。

前文已经介绍过“只进不怎么出”的 A 股市场在退市制度不完善的情况下会产生怎样的后果。接下来我们就探究一下产生这种现象的原因，以及了解一下注册制的退市制度又是怎样的。

A 股市场退市为何难？说起来一把辛酸泪。这其中既受我国特殊国情的影响，也有制度不完善的因素。就我国国情的层面来看，A 股 IPO 的金钱成本和时间成本都比较高，千军万马过独木桥，“壳”资源珍贵，自然上市公司的保壳动机就强。从政府层面来讲，A 股存在大量的央企和地方国企，就算是民营企业上市公司，也是地方政府政绩的体现，退市会影响政府政绩，所以政府就会和企业一起想办法保壳。

接下来我们再从制度层面剖析一下 A 股市场退市难的原因。

首先，A 股市场的退市标准非常完善（这点与市场想象的可能不同），包括量化指标（主要是财务类指标）和非量化指标（欺诈发行、重大信息披露违法等行为，交易所具有主观判断权）。可是在实践中，A 股市场罕有出现因为非量化指标退市的案例，而量化指标又比较好操纵，还有被实施 *ST 的缓冲期，所以很多本应退市的公司会通过一定的"财技"或并购重组手段逃避退市。

其次，退市难也跟我们的多层次资本市场建设不足有关。怎么理解呢？从 A 股市场退市的公司会退到新三板市场[①]，有且只有这一个退市去向，而新三板市场大家都知道，流动性不足是其最大短板。在 A 股享受流动性溢价的上市公司当然不愿意去流动性不足的新三板市场。

而美国的多层级资本市场体系以及灵活的转板机制为退市企业提供了多个退市去向。美国主要证券交易所的级别从高到低可排为：纽交所、纳斯达克全球精选市场、纳斯达克全球市场、纳斯达克资本市场、场外柜台交易系统（OTCBB）、粉单市场（Pink Sheets）等。例如从纽交所和纳斯达克退市的企业，可以选择在 OTC 及粉单市场继续交易。另外，在纳斯达克全球精选市场和纳斯达克全球市场上市的公司，如不能满足纳斯达克全球市场的持续上市标准，在整改期内也无法达到上市标准的（整改时间最长为 180 天），如满足纳斯达克资本市场的持续上市标准，可申请

① 新三板市场设有"两网及退市公司"板块，该板块专门接纳 A 股退市公司。

在纳斯达克资本市场上市。

接下来看看我国的港股市场。港股市场的退市制度最为宽泛，采用非量化退市标准，包括未能维持足够的业务运作或资产、因重大失当行为而未能刊发财务业绩或内幕消息、公众持股量不足、被香港证监会指令停牌等内容。而且港股市场退市流程很慢，退市程序复杂，时间可长达数年之久。香港证监会及港交所对于企业是否退市拥有很大的主观判断权，且更倾向于采取补救手段来防止企业退市。港股市场“宽进宽出”的制度导致了“僵尸股”和“仙股”众多，2014—2018 年港股市场每年的上市公司平均退市数量为 12 家，平均退市率仅为 0.60%。

在注册制退市制度方面，纳斯达克是最佳学习榜样（见图 6）。纳斯达克的退市标准较严格，包含量化指标（市值、股东权重、价格、做市商数量、经营利润）和非量化指标（公司经营及公司治理）。2014—2018 年纳斯达克平均每年退市 275 家公司，平均退市率为 10.95%。虽然 A 股市场也采用量化和非量化标准结合的方式制定了退市指标，但退市实施效果大相径庭。为什么会产生如此截然不同的结果？

除了上述我们提到的 A 股市场退市难的原因之外，笔者认为，纳斯达克还有两方面做得比较好。一是在量化标准里弱化易操控的财务指标，强化不太好操控的市场类指标，如价格、股东人数、市值、流动性等指标。二是退市程序细化可执行。从发现公司不符合持续上市条件至决定发出退市通知，一般不超过 75 天，严格执行退市程序也在 360 天之内，不存在延期退市的情况。

总结一下，在注册制下，如果退市制度对上市公司约束力强，那么就可以保证上市公司质量，增强投资者信心，实现证券市场良性的“新陈代谢”。

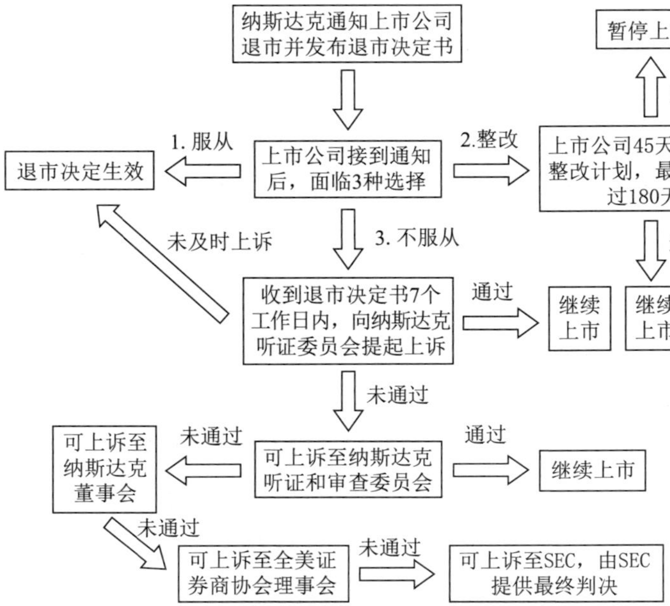

图 6　纳斯达克退市流程

资料来源：纳斯达克网站，笔者自制。

信息充分披露是核心

在证券市场中，充斥着内幕消息、虚假信息、未公开或扭曲的信息，这种情况导致投资人处于弱势地位。那么，解决这种情况的最好办法就是信息充分披露。促使发行人进行充分而公允的信息披露是注册制得以“宽进”的基石。注册制下的信息披露程度与核准制下的信息披露程度可是大不相同。

在核准制下，中国证监会发审委的反馈意见以及发行人是如何回答的，市场是无法全部知晓的。同时，招股说明书也基本按照八股文的形式编排，每家发行人的招股书基本没什么个性化的特色。不过，信息披露如此不完善并不影响新股发行，市场也不会关心信息披露的情况。因为核准制下的新股，反正投资价值证监会背书，且监管层从源头控制供给，加上发行价指导，基本上新股股价都存在爆炒的可能。

大家可以设想一下，注册制下如果采用宽松到这种程度的信息披露，那必定是欺诈横行，市场会乱套的。因此，注册制的信息披露要求就更高。

这个“高”体现在两方面：一方面当然是可读性，不要使用专业词汇让投资人难以理解，要多用图表和简洁语言方便投资人阅读。所以，不要鄙视通俗语言，在招股材料中，语言通俗易懂很重要。为了怕企业不会使用浅白语言写材料，SEC 还专门编撰了《浅白语言手册》供市场参考。另一方面自然是尽可能全面披露那些对普通投资者做出投资决定具有“实质性影响”的信息。由这一点引申开来就是上文我们提到的一些实质性审核的内容。

下面我们以美股百济神州为例，看看注册制下的信息披露与核准制下的有何不同。

1. SEC 看重招股书信息来源的准确性，如果有披露不全的，则要补充。发行人如果是从第三方拿到的资料，肯定是需要再次验证的。发行人的一些结论不能够凭空得出，需要进行定量或定性分析。比如，SEC 要求百济神州核实行业期刊和第三方研究的信息来源，要求其展示试验药物的临床状态是实际的而不是预期的。

2. SEC 尤其强调上市公司对风险的披露。对于潜在的风险除了需要发行人进行评估之外，还需其列举可能的后果及其带来的影响。同时，SEC强调风险披露应全面，需及时补充遗漏的风险点。在经营模式或制度出现改变时，公司需要分析其带来的新风险。比如，百济神州在反馈的时候需补充药物在临床试验中已经发现的副作用，以及需要定量或定性分析公司在项目研发上所消耗的资源。

这一点读者从风险分析在招股书中所占的比重就可以有直观感受。百济神州的风险分析章节占到招股书整体篇幅的1/5，其不仅从政策、法律、行业和国际政治等宏观层面分析了公司在经营过程中面临的风险，还从税收、分红、股价下跌和成长性等层面分析公司的风险。

最重要的是，风险分析中篇幅最大的是对公司特殊风险的分析，其中对于试验新药从研发到上市生产整个流程所面临的风险都进行了分析。比如具体到某新药的临床试验周期风险、新药临床试验过程中技术标准变化风险、技术专利无法及时注册风险、供应商供货风险、新药不及标准降价风险和新药销售量不及预期等一系列风险。

而在核准制下，发审委对公司过往的股权、高管信息关注较多，对公司未来的风险关注较少。相应地，招股书中发行人风险章节不仅篇幅小，而且其内容基本上都是行业内公司会遇到的风险，没有公司特色，自然对投资人的投资决策也无帮助。

3. 注册制下招股书中的财务分析思路更接近投研逻辑。百济神州招股书上的财务数据，分别融入了管理层经营分析等章节中，用财务数据佐证公司的实际经营情况，更便于投资人理解。而A股市场上市公司招股书中的财务分析虽然篇幅较大，但无法与经营分析相融合，令投资人感觉它们是两条平行线，无法交融，也不利于投资人理解公司经营。

综上，健全的法制是信息充分披露的保障。信息披露需要分行业建立指引体系，要有专门的规章制度约束，这点我国资本市场并不欠缺。无论主板、新三板还是科创板，信息披露方面的指引和规章都还算翔实；但有些方面我国做得非常不足。

1. 我们缺乏信息披露的基本大法，没有以基本法的形式确定信息披露的理念、基本原则和制度，没有确立信息披露的基础性制度。正因为没有信息披露基本法，导致信息披露其他配套制度缺乏法律上的依据和宏观上的指导，在实践中就会呈现出法律位阶低的信息披露规定繁多，整个信息披露制度非常的杂、乱、散。

2. 我国法律的不健全导致信息披露主体的违法成本低。我国的刑法对信息披露犯罪的处罚很低，使得信息披露违法收益与成本严重不匹配。较低的违法成本，严重助长了上市公司违法行为大量发生，并且其不用担心会遭到被退市的处罚。还有就是面对信息披露违法行为，投资者的诉讼渠道不畅通，投资者维权无门。

因此，注册制改革如果想顺利推进，我国在信息披露上的短板就需要尽快补齐。

让市场的归市场

如果说前述内容更强调注册制中“政府之手”的作用，那么接下来的这部分内容将为大家重点剖析“市场之手”的作用。相对于政府监管的强制性，“市场之手”更强调参与主体的自主性与灵活性。通过市场的自发调节机制，在市场力量的博弈之下，公司的真实价值会以一个较为合理的价格呈现。

也正是因为大家普遍相信市场的力量，投资者才不会认为监管机构的审核会为公司的投资价值做任何背书。毕竟，市场有很多手段可以实现对公司质量的甄别。比如，投资者会用自己的真金白银进行投票，通过股价影响市值，从而实现对投资标的的好恶判断。

虽然这个过程可能会曲折、漫长，甚至中间可能会有反复。但这也是“市场之手”的魅力所在。随着时间流逝，好公司自然会得到市场的认可，差公司将被市场淘汰。因此，纳斯达克有一句流传甚广的格言，“任何公司都可能上市，但时间会证明一切”（Any company can be listed, but time will tell the truth）。

在注册制下，新股定价一般需要经历 3 个阶段：预路演、路演和累计投标。预路演的目的是确定一个发行价格区间，在这个阶段，主承销商会拜访大型专业机构投资者，广泛调研，了解市场对个股的投资需求以及估值，从而确定发行价格的上下限。一旦到了路演阶段，上市公司和主承销商就会通过一对一推介会或一对多推介会等形式，尽可能宣传新股的投资价值，争取达到最大认购量。与此同时，有意向认购新股的投资者就会陆续提交按照某个价格愿意认购的数量，这个过程就是累计投标阶段。

在累计投标阶段结束后，上市公司和主承销商会依据累计投标期间机构投资者所提交的购股申请，描绘投资者对不同价格的需求区间，并按照一定的超额倍数确定最终发行价。这个过程是完全市场化的，最终的定价可以在先前的区间内，也可以在区间外。

当然，站在上市公司和主承销商的角度，肯定是希望新股定价越高越好，这样上市公司的募资额就高，主承销商赚的承销费就多。但现实是上述工作很难处于理想状态。定价过高，想买的人自然就少，那么就有认购不足甚至发行失败的风险。此外，定价偏高也会引起二级市场的“破发”风险。

上述情况仅是注册制下新股市场化定价工作的一个侧面。除此之外，还有两个关键手段起到了保证新股发行成功及维持价格稳定的作用。

一个是引入基石投资者，也即战略投资者，一般包括大型机构投资者、企业集团、知名人士或其所属企业、主权财富基金等，其所持股份有 6~12 个月的限售期，一般承诺认购新股发行规模的 30%~40%，基石投资者需要被动接受最终确定的新股发行价。基石投资者与别的投资者不同，他们认可公司投资价值并愿意与公司建立长期战略合作关系，他们的加入为新股发行的成功提供了重要支持。

另外一个就是超额配售选择权，也即我们俗称的“绿鞋”机制。它是一种稳定新股二级市场价格的机制，对首日及后续价格涨幅不及预期的个股，主承销商将动用超额配售选择权及其他手段保证二级市场价格稳定。关于这个机制原理的深度解读及应用会在本书的后续章节体现，在此不再赘述。

接下来咱们以大家比较熟悉的小米来举例。小米上市时，是港股首家“同股不同权”的新股，这样的定位，可谓备受瞩目。可即便是这样，小米也没能“想卖什么价，就卖什么价”。

在发行准备初期，承销商普遍给予小米 650 亿 ~940 亿美元估值；随着路演进行，估值下调为 550 亿 ~700 亿美元；再后来定价区间为 17~22 港元，对应估值为 539 亿 ~690 亿美元；到最终定价为发行区间下限的每股 17 港元。

之所以产生这样的结果，一是投资人对于小米的估值产生了分歧，分歧点在于，小米究竟是家智能硬件公司，还是一家互联网公司？二是小米新股发行时的市场环境不是很理想。当时港股大环境不佳，市场存量资金有限，在小米之前上市的几家新经济股票股价表现也不理想。这些因素都对小米的新股定价产生了负面影响。

因此，在市场化定价机制下，即便是市场公认的优质公司，也不大可能出现估值异常的超高发行价。退一步讲，就算询价机构集体误判，给予新股的估值偏高；那么在日后漫长的交易过程中，投资人会基于市场环境等因素，实时调整预期，表现在股价上就是“破发”现象发生的概率很高。

可见，在注册制下，投资新股绝对不是“稳赚不赔”的买卖，反而风险更高，更需要投资人“慧眼识珠”。这样的市场调节机制倒是在不经意间达到了这样一个效果——既然投资新股的风险如此之高，那么短期投机的赚钱概率是很低的，长此以往，会促使投资者转而关注新股的长期投资价值，有利于市场整体投资风气的改善。

反观核准制下的A股市场，新股定价是“一放就乱，一管就死”。证监会放开新股定价市盈率限制的时候，有些新股以高达89倍，甚至100倍的市盈率发行；而一旦管起来呢，询价过程就会流于形式，近些年的新股发行价一直有着23倍市盈率的天花板。所以A股市场中的新股破发现象少，反而出现打新收益不败的神话，市场上的投机气氛浓郁，最终损害的都是中小投资者的利益。

完善的法制带来自信

下面，我们来谈谈注册制下的法制问题。在现代社会，法律的重要性毋庸置疑。法制是现代社会稳健运行的根基，其保证了强者不敢随便欺负弱者，也保证了公权不能肆意侵犯私权。而在注册制实施的情况下，由于牵扯到相关参与方的巨大经济利益，如何确保参与方不会为了巨大利益铤而走险，就成了注册制法制问题的核心所在。

注册制法制需强调系统性逻辑

拟上市企业作为内部人及发行方，对投资者存在信息不对称优势，加之注册制下的上市条件较为宽松，因此，在违法成本较低的情况下，企业具有较大造假动机。而为了有效地抑制这种动机，除了完备的信息披露制度外，完善的法制体系和严厉的惩罚措施就显得尤为重要。此处强调“立体式”的法律路径，包含民事、行政以及刑事等方面的法律规定，才能搭建起整个注册制的多维制度防控体系。

先有了法律，再开始做事，是谓“有法可依”。美国和中国台湾的注册制，均是从法律化路径开始的。注册制通过基本法予以确定，并对与注册制相关的配套制度做了较为充分的规定。当然，也可以通过专门立法的形式，制定与注册制相关的配套规定。以后即便有所创新，也不会超出基本法的范畴。

比如美国，在《1933 年证券法》和《1934 年证券交易法》制定之后，开始施行注册制。中国台湾在 1988 年 1 月对其“证券交易法”进行了大量修改，引入了注册制，形成新股发行核准制与注册制并存的局面。2006 年 1 月，中国台湾再次对“证券交易法”进行了大规模修改，全面实施了注册制。

中国与隶属英美法系的英国、美国的法律规则有较大差异，证券制度更甚。目前，我国的证券法律法规体系还有许多不完善的地方，而且存在一个“双轨制”的现实国情。科创板试行注册制，而主板、中小板短期内仍然实行核准制，我国证券市场将出现注册制与核准制并存的过渡期。

在这个过渡期内，需要协调好相关市场的法律法规关系。在法律法规方面，对顶层的公司法和证券法等法律法规尚不宜进行修订，但是需要出台针对上海证券交易所科创板试行注册制的单行暂行规定，并且要与公司法和证券法等较高位阶的法律相协调，待时机成熟再统一修订。

2019 年 4 月 20 日，证券法修订草案三审稿提请十三届全国人大常委会第十次会议审议。据媒体报道，这次三审稿的重点是增加科创板注册制的相关规定，同时根据资本市场改革发展的实际情况，对其他相关制度进行适当修改完善。

2019 年 6 月 21 日，最高人民法院发布《最高人民法院关于为设立科创板并试点注册制改革提供司法保障的若干意见》（以下简称《意见》）。《意见》共 17 条，从高院司法意见的角度，提高了科创板违法违规成本，加大了刑事处罚力度，努力解决违法收益与违法成本严重不匹配的问题。这是最高人民法院历史上首次为资本市场基础性制度改革安排而专门制定的系统性、综合性司法文件。

从中可以看出，这是一次司法改革创新，是我国资本市场第一次针对一个新板块，在开板阶段就出具司法意见，并指定由上海金融法院试点集中管辖科创板上市企业的各类纠纷。希望《意见》可以对科创板的未来发展起到保驾护航的作用。

强化中介机构的“守门人”职责

注册制下，监管部门虽进行审查，但企业上市的质量把控主要还是由各类中介机构负责。注册制在弱化证监会事前监管职能的同时，更需要强化市场监督力度。因此，中介机构是否勤勉尽责地履行自己的义务就成为推行注册制的关键。但是，中介机构能否守住底线，主要取决于外部威慑与社会再监管机制的运行状况。

在美国，上市项目中中介机构（承销商、审计人员、律师等）各司其职，承销商负责项目的总体协调和销售工作，律师负责法律问题以及披露文件和交易文件的起草工作，会计师负责财务的审计工作，三者相互制约，且极其遵守职业道德。与中国不同的是，美国律师负责撰写招股说明书，确保从准备上市到发行完成整个过程的合规监督。如若客户因证券欺诈问题被查处，相关中介机构必须负连带责任。

以 20 世纪 60 年代的巴克雷斯建筑公司（Escott v. BarChris Construction Corp.）审计案为例，当时巴克雷斯建筑公司遭遇资金瓶颈，为筹集营运资金而发行了总金额达 174 万美元的公司债，但因为账款回收困难而宣告破产。这一案件除公司董事、高管、会计被起诉外，公司承销商也因尽职调查不充分等原因成为被告。而这一“美国承销商民事法律责任第一案”，也为后期证券发行相关中介机构敲响了警钟，使其为声誉和长远利益考虑，对发行人的信息披露进行严格审查。

我国香港地区在实施注册制过程中，保荐人须尽力确保上市申请过程中呈交的所有资料在所有方面均属真实并无遗漏，并对有问题的招股说明书负有民事和刑事责任。

因此，贯穿整个发行始末、熟知发行人所有情况的中介机构们，要对其施以诉讼风险、声誉风险、高额处罚等全方位的高压，加大对违法、违规的中介机构的惩戒力度。只有这样，才能确保在发行人想造假的时候，中介机构会极力说服发行人放弃造假，或者放弃 IPO。

美国式注册制的“自我修养”

监管权力“分分更健康”

在注册制审核方面，审核权力是有分工的。比如美国，根据美国《1933 年证券法》与 1996 年推出的《资本市场改善法》的规定，证券公开上市实行联邦与州的双重注册制。其中，联邦层面主要审查公司信息披露的完整性与真实性，州层面则主要对信息做实质性审查，但部分由联邦直接管辖（如在纽交所、纳斯达克全球精选市场、纳斯达克全球市场）的证券将豁免在州级层面的注册。不管是否豁免，最后到交易所这一关，企业仍要面临上市条件的审查。

再看我国香港。香港地区现今实行的是双重备案制。在该制度下，港交所是审核主体，但香港证监会有否决权。发行人向港交所递交上市材料后，需于一天之内将相关材料递交至香港证监会。与SEC类似，港交所上市部会向发行人不断提出反馈意见，发行人需要不断回复直至通过。发行人最终通过港交所上市委员会聆讯后，方才获得在港交所上市的资格。而在这个过程中，香港证监会有权对拟上市公司提出反对意见，并会于必要时，在提出意见前直接向发行人寻求澄清，不再经过港交所。

虽然，港交所与香港证监会均需对上市发行材料进行审查，但二者审查的侧重点不同。港交所审查的重点在于上市公司是否符合上市条件，比如市值、发行股数是否符合相关法规规定，更偏重形式审查；而香港证监会则更关注公司过往股权更替是否合规，公司过去3年盈利能力是否稳步上升等方面，更偏重实质性审查。

反观A股市场实行的核准制，中国证监会是单一发行审核主体。证券的发行与上市审核权均由中国证监会行使，沪深交易所对中国证监会核准上市的股票没有否决权，也没有任何建议权，只能服从中国证监会的决定。由于我国的证券市场当年主要为了国企融资而建，出现这种审核模式也情有可原，但在实践过程中，这种审核模式也暴露了诸多问题。

首先，这种模式没有解决权责匹配问题。中国证监会不仅要负责新股的审核，还要负责再融资、并购重组等事项的审核，专职人员数量有限，工作量很大。拿新股审核来说，因为发审委员精力有限，假如发行人的“汇报技巧”过硬，发审委员可能无法主动发现问题。还有，新股发行审核责任重大并且牵涉较大经济利益，与之相比，发审委员的报酬并不高，这种责任与激励不匹配的情况容易导致个别监管人员责任意识模糊。

其次，不受监督的权力会造成很大负面影响。历史上，已经有无数的思想家、法学家或经济学家表达过，只有把权力关在制度的笼子里，让权力在阳光下运行，加强对权力的监督和制约，才能保证权力运行得规范。这是几千年历史教训得出的真理。因此，我们很容易得出结论，不受监督的权力会导致腐败。

由上述分析可知，监管权力不能集中，只能通过制约各部门权力来达到制衡的效果。这是海外注册制经若干年市场实践得出的真知灼见，也会给我国的注册制改革带来充分启发。

为“做空”正名

什么是做空呢？做空，又称卖空、沽空，是利用股价下跌获利的交易手段。当投资者看跌某一指定可做空证券时，会先向他人（如经纪商）借入该证券出售，当股价下跌后再从市场低价购买该证券并归还出借人，从而赚取股价下跌的差价。当然，做空的前提是投资者需要缴纳一定额度的保证金，在借入证券后要向出借方支付一定的利息和手续费。

做空对于 A 股的投资者而言相对陌生。虽然 A 股有融资融券制度，其中的融券就可以理解为做空策略；但从市场实际交易数据来看，A 股的融券制度并没有起到应有的作用。究其原因，做空不普遍跟“两融标的池”中的个股质地有关，两融标的由交易所按标准选定，选出来的往往是“好”股票，但更需要做空的其实是“坏”股票。与之对应，科创板将所有股票都纳入“融券标的池”，这与原有 A 股板块相比就是巨大的进步。

那么问题来了，为什么证券市场需要做多、做空的双边交易策略，而不能是只一味做多的单边市场？让我们回想一下那个家喻户晓的童话故事——《皇帝的新衣》，皇帝明明没穿华丽的新衣，可围观群众谁也不愿意让别人知道自己什么也看不见，出于自保和恭维的目的，大家都会口是心非，“乖乖！皇上的新装真是漂亮！他上衣下面的后裾是多么美丽！这件衣服真合他的身材！”而只有一个小孩子会说，“可是他什么衣服也没穿呀！”

在成熟的证券市场，供投资者交易的证券品种繁多，品质不一，投资者可自由表达对交易品种的观点，可以是追捧，也可以是批评。由于上市公司的财务造假令人防不胜防，仅靠监管部门无法杜绝这种现象。如果市场只能做多，不能做空，个股估值就会虚高，股票的市场交易价格并不能体现其真正的价值。另外，持空头观点的投资者只能离场，无法体现整体市场的合理估值。

因此，做空的好处很多。对投资者而言，做空丰富了投资策略，熊市中也会有交易机会。做空也是对冲风险的主要手段，持股股东可以通过做空对冲股价下跌的风险。做空也是长短仓、市场中性等策略的基础，还促进了对冲基金的发展。

对市场而言，做空有利于制衡单边交易，纠正过高的估值。融资融券本质上都属于加杠杆操作，能够使更多投资者参与交易，从而增加市场流动性，完善价格发现功能。空头天生自带质疑基因，可以有效消灭股价泡沫，让股价回归股票的合理估值区间，在这样的市场中，出现某只股票因为黑天鹅事件而暴跌的概率也大为降低。

此外，最重要的一点，做空是“市场之手”，是来自市场的自发监督。空方发现了上市公司的造假行为，会获得直接的经济奖励，这对于市场遏制违法违规行为，具有深远意义。

了解完做空的好处，可能有些读者会产生疑问，既然借出股票给做空方会导致股价下跌，那么谁还会愿意借股票给空方呢？要理解这个问题，我们可以把券商想象成银行，而我们在券商处存放的股票就相当于在银行的存款。银行可以把储户的存款拿来放贷，以赚取利息差价收入，那么券商也可以把客户存放在自己这里的股票借出，从而赚取手续费和利息收入。

也就是说，对于具体持有 C 股票的个体而言，C 股票被借出并不需要经过某个人的同意。投资者持有的 C 股票可汇聚成一个“大池子”，券商从这个大池子中拿股票借给特定做空者即可。那么假如此时某个 C 股票的持有者要卖股票怎么办？池子里的 C 股票还够吗？当然是够的，因为不太可能出现全体持有者同时卖 C 股票的情况，就好像挤兑这种极端情况在银行日常经营过程中不会经常发生一样。

此外，大多数战略投资者或控股股东也可以把自己手中持有的股票借出去，他们为什么愿意这么做呢？第一，股价的短期波动对他们来讲没意义，或者是因为锁定期的限制，或者是出于不能卖股票，否则会影响控股权的目的；第二，借出股票可以增加利息收入，何乐而不为呢？

我们拿上市公司的实际控制人举例，上市公司是实际控制人多年辛苦打拼的成果，无论业务前景如何，实际控制人都愿意与公司同舟共济，没有卖股票的必要。因此，实际控制人可以将一定比例的持有股票借给券商，从而赚取一定的利息收入，而过一段时间这部分股票还会回到自己手中，与此同时，证券公司可以继续把这部分股票借出，以赚取利息差价。

总结一下，券商经纪部门赚的是手续费，不管牛市还是熊市，经纪部门最怕人们不交易，因为这样他就没钱可赚。因此，对券商而言：1. 当做空者借入股票卖出时，可以收取佣金；2. 对于借出的股票，可以收取手续费和利息；3. 做空引发市场焦虑并带动其他股民抛出手中股票，仍可以收取佣金；4. 待股票跌至一定价位，多方入场交易，又会带来佣金收入。如此循环往复。

需要注意的是，为了便于读者理解，以上内容提及的股票借出方一律设定为券商。在实际操作中，证券借出方为券商的称为“分散授信模式”，以美国为代表；证券借出方也可以为结算登记公司，以中国香港为代表；还有一种证券借出方是半官方的证券金融公司，以中国内地和日本为代表。

还有一点需要提醒大家注意的是，做空制度的有效发挥离不开无涨跌幅限制的“T+0”制度。如果交易制度采用“T+1”，融券卖出方当天无法回转交易平仓，则持有头寸过夜往往有非常大的被逼空风险（例如，如果晚间披露利好信息使个股在第二天停牌，或是第二天直接以涨停板开盘，做空者将遭遇严重的流动性危机）。而且如果有跌幅限制，融券做空者无法在利空出现的短时间内迅速获利平仓，使得做空的风险收益比明显偏低。

严刑峻法在左，司法救济在右

强大震慑

前面提到注册制更像一个可以自我循环的生态系统，其运转依赖于市场机制的自调节功能。而要想市场机制的自调节功能发挥作用，就必须严刑峻法，惩罚力度太轻，会破坏市场机制的自调节功能。通俗地说，如果没有严刑峻法加以震慑，一旦造假上市的违法成本低，必然会有大量不法企业骗取上市资格。

此外，我们还可以理解为，救济制度和严刑峻法的惩戒是注册制的“后悔药”，通过事后的这种安排来360度全方位无死角地确保造假上市行为得到严惩。在注册制背景下，证监会、交易所和中介机构其实分别承担了监管、审核、背书等责任。尤其是发行人和中介机构，他们在信息披露方面，需要承担相应的行政责任、民事责任和刑事责任。

我们先来看美国的案例。SEC对证券欺诈进行刑事、行政、民事全方位追责，不仅设定了严格刑罚予以震慑惩戒，而且设置了多样化的赔偿机制来保护投资者权益。如《1934年证券交易法》中的“10b–5”规则，亦称为“反欺诈条款”，将内幕交易、虚假陈述、操纵市场等证券欺诈行为一网打尽，赋予监管机构强大的执法武器。《2002年萨班斯法案》规定，任何人通过信息欺诈或价格操纵在证券市场获取利益，构成证券欺诈罪的，最多可监禁25年或处以500万美元的罚款。

安然公司曾是世界上最大的电力、天然气以及电信公司之一，连续6年被《财富》杂志评选为“美国最具创新精神公司”，2000年披露的营业额高达1010亿美元，在2001年宣告破产前，拥有雇员约21000名，然而爆出财务造假的丑闻后，公司在几周内就破产了，且公司原CEO被判入狱24年，罚款达1800万美元，曾为五大会计师事务所之一的审计机构安达信也随之轰然倒塌。此外，花旗、摩根大通、美洲银行等一系列中介机构被追责。2011年，帆船基金的创始人拉贾拉特南被控内幕交易罪，涉案金额超过3000万美元，被判处11年监禁。

相比美国证券市场，中国证券市场执法“重行政、轻民事”，处罚力度轻、震慑作用小、补偿功能缺失，行政处罚虽然种类繁多，但是力度普遍偏弱，而且刑事责任的刑期也短。2017年雅百特财务造假，费尽心机伪造巴基斯坦政要信函，虚增收入5.8亿元，恶劣性不亚于安然公司，但即使被施以顶格处罚，公司也仅承担了60万元罚款，责任人承担的罚款只有30万元。

国企上市公司造假第一案的南纺股份，连续5年造假，虚构利润3.44亿元，罚金只有区区50万元。创业板造假第一股万福生科，在2008年至2012年上半年这4年半的数据中，其合计虚增收入9.05亿元，虚增营业利润约为2.14亿元，而证监会仅要求万福生科“改正”违法行为，并予以“警告”，依旧没有对其予以“退市”处理。在行政处罚方面，万福生科的实际控制人龚永福被处以30万元罚款，严平贵等其他19名高管被处以5万元至25万元罚款不等，对龚永福、覃学军采取终身证券市场禁入措施。

具体到刑事责任，2014年12月，万福生科因欺诈发行股票罪被判处罚金850万元，湖南里程会计师事务所常德分所被判处罚金66万元并追缴犯罪所得人民币33万元，龚永福、覃学军、杨晓华、彭雪明、左光涛等均被判有期徒刑，其中龚永福仅被判有期徒刑3年6个月。再比如中国最大“老鼠仓”案，马乐涉案金额10.5亿元，非法获利近两千万元，但仅被判处有期徒刑3年。

所幸改变正在发生。2019年6月28日，最高人民法院、最高人民检察院发布《最高人民法院 最高人民检察院关于办理操纵证券、期货市场刑事案件适用法律若干问题的解释》和《最高人民法院 最高人民检察院关于办理利用未公开信息交易刑事案件适用法律若干问题的解释》，这两部司法解释已于2019年7月1

日起施行。两项司法解释对操纵证券、期货市场，利用未公开信息交易的定罪量刑标准和法律适用等问题做出进一步的规范，同时明确了“以其他方法操纵证券、期货市场”的情形。两部司法解释的制定出台，对于依法惩治证券、期货犯罪，防范化解金融风险，维护投资者合法权益，保障科创板改革有序开展，促进资本市场稳定健康发展，具有十分重要的意义和作用。

通畅的司法救济渠道很有必要

在民事责任追究方面，通畅的救济渠道至关重要。法谚有云，“无救济则无权利”。权利受到侵害，如果没有得到救济，那么就不是权利。司法是实现权利救济的最后一道防线，如果不能为权利救济提供有效途径，那么权利保护就成为一句空话。

在美国，集团诉讼、行政和解和公平基金是保护投资者的重要手段。集体诉讼由一人或数人代表相关个股的全体投资者起诉，诉讼费用高，赔偿数额大，提高了违法者的违法成本，安然事件中投资者便是通过集体诉讼机制追回了 71.4 亿美元赔偿。行政和解指当事人以向 SEC 支付和解金的方式终结诉讼，可提高执法效率，及时补偿投资者损失，这已经是美国最为常见的案件处理方式。公平基金则将违法所得和罚款返还受害者，救济效果良好。

此外，美国还出台了《证券投资者保护法》，并据此成立了证券投资者保护公司，该公司不以营利为目的。当投资者因上市公司或者股东违法违规的行为而遭受损失时，可以提起诉讼并要求损失赔偿，法院也十分支持，甚至美国还建立起了有利于维护中小投资者利益的奖励制度。

下面重点说说集团诉讼（也称“集体诉讼”）制度。集团诉讼是美国资本市场上一种最普遍和重要的投资者权益保护手段，一般都由专业的诉讼律师牵头召集，投资人从委托授权开始到案件结束，全程几乎不用操心，律师不但全程包揽承办，甚至代垫诉讼费用。胜诉后，再根据委托代理协议的约定从投资人获得的赔偿中收取代理费用；若败诉，则可能不收取任何费用。因此，集团诉讼制度成了对美国证券违法行为的一股强大的监督和制约力量，已成为保护投资人权益极其有效的法律制度。

而我国目前尚无集团诉讼制度，投资者如果想维权，面临重重障碍。假设一个中国股民认为自己在证券欺诈案件中利益受损，首先，要等证监会行政处罚，因为凭借个人难以获得公司或个人的违法证据。其次，要等法院受理立案，而现实中法院对证券欺诈案慎之又慎，即使受理成功，也要等两年诉讼时效届满再开庭审理。最后，如果走集团诉讼程序，还要与其他股民达成一致。因此，我国因证券欺诈而获得民事赔偿的案例凤毛麟角。

不过，根据《最高人民法院关于为设立科创板并试点注册制改革提供司法保障的若干意见》（以下简称《意见》），民事诉讼制度的改革已箭在弦上。《意见》提倡完善我国现行的代表人诉讼制度，建议以监管部门设立的投资者保护机构的名义对证券欺诈行为提起诉讼，探索建立律师民事诉讼调查令制度，提高投资者举证的能力。

《意见》在加强证券民事诉讼配套程序、依托信息化手段提高司法能力、推广证券示范判决机制等方面都做出了具体的司法措施要求，从而可以实现降低投资者的诉讼成本，有效保护投资者合法权益的目的。期望通过种种手段和措施，我国对投资者保护的短板可以尽快补齐。

抉择

——永远追求自身特色的“学生”

征服自我是胜利中最大的胜利。

——柏拉图

天行健，君子以自强不息。

——《周易》

对注册制相关内容有了全面了解后，我们再来一睹科创板这幅“画卷”的全貌，俯瞰一下，看看它带给我们的第一印象。不同画作的气质自然是迥异的，《清明上河图》令人赞叹，《千里江山图》气势恢宏，而科创板这幅“画卷”呢，必定使人心潮澎湃。

毕竟注册制“千呼万唤”了这么多年，突然“天降大任”到科创板头上，幸福来得太突然。同时，上交所工作异常高效，繁杂的各项规章制度3个月左右就已基本成型。太多的信息和知识需要市场好好消化。在这一章，我们主要了解科创板的“气质”和“性格”。它是如何定位的？与别的资本市场板块相比，该如何错位发展？

熟悉的“陌生人”

为科创板“画像”

科创板作为中国多层次资本市场的增量改革主体，可以兼容不同的企业类型，施行不一样的资本市场制度，这非常重要，必将影响深远。其实我国的资本市场一直以来都对类似改革有所期待，对其有无数想象。因此，初来乍到的科创板，给市场的感觉既熟悉又陌生。如果给科创板画像，或者预测什么样的科创板才会成功，笔者认为至少应包含三大要素。

首先，成功的科创板所吸纳的企业要突出一个“新”字，它不以营收、利润、现金流和成立历史作为简单衡量标准，可以是轻年轻的企业，但其必须拥有新技术、新业态。

其次，成功的科创板应该具备较好的流动性，这就必然要求主要交易标的物的市值要“大”。小市值的公司逐步丧失流动性是符合规律的，即便在A股这个全球流动性最好的市场中该现象也屡见不鲜。

最后，“新”就必然意味着容易变脸，波动幅度大，带来的风险大。而和国际资本市场接轨的制度（如试点注册制）也必然意味着各类高风险的金融工具将被广泛使用，这些工具并非普通投资者所擅长。所以，科创板想要顺利接轨国际惯例，就必然推行合格投资者制度。

综上，科创板就应该主要由大市值、新经济类的企业构成，匹配合格投资者制度，基础制度与主流资本市场接轨，广泛使用国际通行的金融工具。非如此，就有负于大家对该板块的热切期待。

此外，大家普遍认为的“科创板是现有板块层次之间不同边界的重叠”，这个观点笔者认为值得商榷，或者说这样的定位即便被大众接受，意义也有限。而之前公布的以中国存托凭证（CDR）标准为参照、兼容全球各类优秀新经济集合体的板块才是更符合科创板特点的“画像”，对当下中国资本市场更有战略意义。

目前来看，科创板坚持了对企业的高标准筛选机制：

从市值的角度，坚持了笔者四象限模型中最重要的“大”；从行业和商业模式上看，上市企业类型选择的是笔者四象限模型中的“新兴”，叠加起来就是“大新兴”，同时，科创板的规范程度和内控机制几乎等同于主板标准。

同时，与主板相比，科创板还拥有以下两个独特的优势：

1. 在退市和处罚制度上，选择了远高于主板、创业板标准的制度。

2. 在投资者筛选标准上，选取了目前主板的最高标准。

“双高”定位奠定了科创板市场注定不会是一个垃圾股市场，不会是一个“老千”市场，这是全球所有资本市场走向成功的先决条件。

差异定位，错位发展

任何一个资本市场，除了监管者、中介机构外，主要参与方就是挂牌企业和投资者，挂牌企业可以做结构分层，投资者也可以做结构分层，两方不同的层级组合就构成了不一样的资本市场板块。

例如，中国的主板市场是企业高准入门槛（核准制，高收入利润规模要求，高合规性要求），投资者低准入壁垒（不设合格投资者壁垒），这个组合描述了主板的特征，也带来了主板上市公司特有的运作机制。

而新三板市场是企业低准入门槛（挂牌的准注册制，低收入利润规模要求，低合规性要求），相应地，这个市场配比了投资者高准入壁垒（合格投资者），这个组合也塑造了今天新三板挂牌公司的不同个性（见表 5）。

在建立了一些对科创板的基本认知后，我们来尝试比较一下多层次资本市场各板块之间的异同：

作为资本市场的增量改革举措，推出科创板是中国资本市场建设中的变革之举。至此，除非出现革命性的技术进步，否则中国多层次资本市场中各类交易场所的地位基本定局。

表 5　中国多层次资本市场各板块比较

<table>
<tr><th>项目</th><th>主板</th><th>中小板</th><th>创业板</th><th>新三板</th><th>各地股交中心</th><th>科创板</th></tr>
<tr><td rowspan="2">企业构成</td><td colspan="3">高准入门槛</td><td colspan="2">低准入门槛</td><td>高准入门槛</td></tr>
<tr><td>传统蓝筹企业为主</td><td>传统中型企业（财务标准）为主</td><td>科技型中型企业（财务标准）为主</td><td>各类中小微企业（财务标准）为主</td><td>各类本地小微企业为主</td><td>大型科技企业为主（非财务标准）</td></tr>
<tr><td rowspan="2">投资者构成</td><td colspan="2">低准入壁垒</td><td>中低准入壁垒</td><td>高准入壁垒</td><td colspan="2">中准入壁垒</td></tr>
<tr><td colspan="2">普通投资者（无资产要求、无经验要求）</td><td>合格投资者（无资产要求，2 年证券交易经验）</td><td>合格投资者(500万元，2年证券交易经验）</td><td colspan="2">合格投资者（50 万元，2 年证券交易经验）</td></tr>
<tr><td>监管水平</td><td colspan="3">严监管</td><td colspan="2">宽松监管</td><td>严监管</td></tr>
<tr><td>市场定性</td><td colspan="3">场内市场</td><td colspan="2">场外市场</td><td>场内市场</td></tr>
<tr><td>估值</td><td>中低估值水平</td><td colspan="2">中高估值水平</td><td colspan="2">低估值水平</td><td>中高估值水平</td></tr>
<tr><td>流动性</td><td>中高流动性</td><td colspan="2">中低流动性</td><td colspan="2">低流动性</td><td>中高流动性</td></tr>
<tr><td>波动率</td><td>中波动率</td><td colspan="2">中高波动率</td><td colspan="2">高波动率</td><td>高波动率</td></tr>
<tr><td>信息披露标准</td><td colspan="3">高</td><td>中，但依然视不同层级给予不同尺度要求</td><td>低</td><td>高</td></tr>
<tr><td>分层特点</td><td colspan="3">不分层，但开发各类指数供被动投资用</td><td>分层，各层级有不同的投资者壁垒和企业门槛，满足各类投资者和企业的多样化需求</td><td>不分层</td><td>不分层，但开发各类指数供被动投资用</td></tr>
<tr><td>并购身份</td><td>上市企业主要是并购主体</td><td colspan="2">上市企业并购和被并购主体并存</td><td>挂牌企业并购和被并购主体并存</td><td>挂牌企业主要是被并购主体</td><td>上市企业主要是并购主体</td></tr>
</table>

资料来源：笔者自制。

中国的多层次资本市场，将会呈现科创板、主板、中小板、创业板、新三板、各地股交中心并存，竞争共荣的局面。以满足各类主体不同层次的需求，未来的变革更是来自各个板块的制度和规则优化。

笔者对科创板的认知或者期待与市场观点的不同之处主要有：

1. 科创板不是科技企业“小小板”，而是科技企业“大大板”。

在科创板市场，起初的上市企业是科技企业的“国家队”，参加的是科技企业的“全运会”；未来的上市企业是科技企业的“国际队”，参加的是全球科技企业的“奥林匹克运动会”。科创板在各类制度上是最先与国际接轨的“试验板”，不幸的是，有些风投机构以为自己的标的可以轻松去科创板上市的想法也多数会落空。

2. 新三板绝对不会因科创板的推出而被边缘化。

随着时间推移，市场会逐渐了解科创板和新三板的定位、交易及估值特点，两个板块其实是实行差异定位的不同板块，各有其使命和作用。相信新三板的监管部门也会制定出更符合各类中小企业和高净值投资者需求的制度规则，相信未来很多高股息率的股票将在新三板产生，满足一部分投资者的资产配置需求。

对于之前已经参与了新三板的企业来说，应该适应并学会以低估值、高转板回报预期的特点来吸引投资者，或者以自己的独特性来吸引产业并购者；对之前参与了新三板的投资者来说，暂时的坏消息是之前的个股大多数买贵了，好消息是对于一小部分已处估值低位的品种来说，股价下跌已经使大部分风险被释放，值得被投资者配置的时机已经产生。

某些投资者在加深对新三板市场特点认知的同时，更需要调整自己的投资策略和模式，一味谩骂、指责和看空新三板市场的做法也并不可取。

既包容，又严厉

下面我们聊聊科创板的“性格”。对上市企业来说，注册制环境下的科创板会更包容，但是大家也应该从另一个角度看到科创板对上市企业态度的严厉之处。

注册制下的科创板包容度主要体现在财务指标上，科创板设置了5套上市标准，从市值、营收、利润、研发、现金流等角度综合评判拟上市企业，允许未盈利以及虽然已盈利但是尚存在未弥补亏损的企业上市。

同时，科创板还规定了允许存在特殊表决权、红筹结构的企业上市，允许企业设置更为激进的员工持股和战略配售方案，这些规定迎合了科创企业的特点，使很多技术领先、市场影响力大的企业虽然暂未盈利或者利润不高，但依然可以更早获得资本市场的支持。

在规范运作、持续经营、独立性、内控建设、合法合规等方面，科创板的基本要求与现有主板、中小板、创业板的要求吻合。从法条上看，科创板也许在关联交易、同业竞争等方面会有些松动，同时，由于科创板市场定价的不确定性，可能带来对募投项目的要求会有所变化外，相信在科创板启动初期，主要中介机构（保荐机构、会计师事务所、律师事务所）在项目操作上也不会表现出与之前的主板有较大差异，而在科创板运行一段时间后，在这些方面的监管力度是否会有松动，我们可以拭目以待。

但是在以下几个方面，其实科创板相较现在的A股市场反而更加严厉：

对行业要求、核心技术要求更为严格精准

科创板有自身独特的定位，结合“三个面向”[①]，将重点支持符合科创板定位的主要行业方向中核心技术突出、市场地位领先的科创企业，不符合科创板定位的行业、不是依靠核心技术带来主要收入和利润的企业，即便企业的经营规模和市值再大，也很难在科创板挂牌上市，这也即是科创板的“窄门框”[②]。

科创板退市要求严格，程序更短

除企业主动要求退市情形外，科创板设置了重大违法、交易类、规范类、财务类4套退市标准，这些标准清晰严格，而且一旦触发，退市的流程将非常短暂。并且科创板上市公司一旦退市，将不得恢复上市，这也是科创板跟现有其他板块规则不一致的地方。

创始人减持规则更为严格

在现有减持规则基础上，科创板对上市公司控股股东、实际控制人、董事、监事、高级管理人员、核心技术人员（以下简称“特定股东”）制定了更为严苛的减持规定[③]：

---

① 关于“三个面向”的详细解读，请参见本书“定位”一章。

② 关于“窄门框”的详细解读，请参见本书“定位”一章。

③ 参照《上海证券交易所科创板股票上市规则》（2019年4月修订）中相关规定编写。

1. 公司上市前未盈利的，特定股东自公司股票上市之日起 3 个完整会计年度内，不得减持首发前股份。这是科创板中关于“董监高”人员减持新增的义务，而传统板块对“董监高”人员减持没有这项要求。

2. 若公司存在重大违法情形，触及退市标准的，自相关行政处罚决定或者司法裁判做出之日起至公司股票终止上市前，特定股东（核心技术人员除外）不得减持公司股份。这也是科创板中关于“董监高”人员减持新增的义务，而传统板块对“董监高”人员减持没有这项要求。

3. 控股股东和实际控制人自公司股票上市之日起第四个会计年度和第五个会计年度内，每年减持的首发前股份不得超过公司股份总数的 2%，并应当符合《上海证券交易所上市公司股东及董事、监事、高级管理人员减持股份实施细则》中关于减持股份的相关规定。

4. 科创板公司核心技术人员自公司股票上市之日起 12 个月内和离职后 6 个月内不得转让本公司首发前股份。自所持首发前股份限售期满之日起 4 年内，每年转让的首发前股份不得超过上市时所持公司首发前股份总数的 25%，减持比例可以累积使用。而上交所传统板块对核心技术人员的减持并无特别规定。

对欺诈发行上市的处罚更具威慑力

对欺诈发行上市的，上交所可以责令上市公司及其控股股东、实际控制人按规定购回已上市的股份。

综上，我们讲科创板的包容，是有原则、有边界的包容，是既有宽又有严的包容——是对部分企业的宽，也是对另外一部分企业的严，这是我们要深刻理解的。

一元复始，万象更新

作为中国资本市场的增量改革，科创板所带来的影响或变化会是多方面的，下面为投资者们总结一下。

制度变革

发行上市条件上的变革

跟原有 A 股市场单维度的盈利标准不一样，科创板上市条件中事实上有两个方向性的门槛：

1. 较高的财务指标要求，营业收入、利润、现金流都合格的科技型公司；

2. 如果财务指标要求降低，企业的发行市值必须达到一定规模。

目前看，科创板的上市门槛显著高于港股市场。

发行价格的变革

众所周知，在核准制条件下，中国证监会对 A 股的 IPO 有发行市盈率限制，从最早期持续很长时间的 15 倍市盈率到近期大家都知晓的 23 倍市盈率。

同样，中国证监会对 A 股已上市公司的再融资要求依然有具体的价格管制，这一限制使得很多上市公司的再融资行为由于发行底价制定时离真正发行时间太久远，从而空有批文却无法实施。

在注册制条件下，相信确定发行价格的权力会还给发行人和承销机构，由他们根据市场变化自主决策。

发行数量以及配售权的变革

在核准制条件下，股票发行量是受严格管制的，多一股不行，少一股也不行（其实有一个时期，为了控制企业资金的超募行为，新股的发行量是可变的。目前再融资的股票发行量也是可变的）。

但是在注册制条件下，在发行数量、配售对象、能否灵活使用“绿鞋”机制等方面，相信都会给发行人比较大的自主权。

发行节奏的变革

长久以来，股票发行节奏一直是监管部门维护市场稳定的重要工具，一旦遇上市场低迷，就会指令性地让新股发行“暂停”，所以企业在国内A股能否快速上市，运气的成分很大，与水平无关，有些企业为了上市真的要经历“八年抗战”之苦。

注册制下，发行节奏主要交还给市场主体，大家既可以选择在市场火爆时快速发行；也可以为了战略考虑，在市场低迷时通过调整发行价格的方式完成发行并快速上市。发行节奏主要服从公司战略而非仅是适应市场起落。

与国际接轨

作为增量改革措施，科创板的基础交易制度建设体现了跟国际逐步接轨的特色，有以下几个比较显性的变化：

1. 科创板股票上市后前 5 个交易日不设价格涨跌幅限制，后续交易日竞价交易实行价格涨跌幅限制，涨跌幅比例为 20%；

2. 科创板股票自上市首日起可作为融资融券标的；

3. 不同于目前 A 股设计，相信未来会放开更多的衍生品交易，多空品种齐备，适合大型资金的避险需求；

4. 容纳“同股不同权”的股权制度设计；

5. 适度的合格投资者制度；

6. 严厉而明确易行的退市制度；

7. 建设投资者集体诉讼、索赔制度和回购制度。

总之，“科技大大板”的定位，适度的合格投资者制度，适合新经济企业上市的设计，还权给市场主体的发行上市规则，跟国际接轨的交易制度，退市和衍生品规则，就是笔者给科创板的“画像”。

只有这样的画像，才能真正给今天的中国资本市场增添丰富的层次，才真正称得上“增量改革”，才能更好地引领原有的各个板块的发展！否则，科创板改革就会做无用功。例如，之前市场有部分人预测科创板是“科技小小板”，这样的画像一定会存在不少跟原有板块的冲突和重复建设之处，不是资本市场改革的正确方向。

重复建设？

科创板推出伊始，很多人就将其解读为“抢了新三板的饭碗”。很多资本市场人士一直将科创板和新三板简单对比，觉得科创板推出后，新三板就没有前途了；觉得科创板在投资者准入壁垒上只设置了 50 万元的准入壁垒，抄了新三板的“后路”；还有很多观点以为注册制就是不审核，就是放水，却没有认真研究科创板坚持“三个面向”的苛刻行业定位和最低 10 亿元市值的高门槛。

所以，任何片面的理解都是不妥当的，科创板跟新三板不构成百分之百的竞争或者对抗关系！在了解二者的竞合关系前，大家需要确立一个基本的观点——没有普惠的市场。

不存在普惠的市场

在普通人的观念里，普惠是个好词，比如普惠教育，大家都能得到教育机会。但现实是：前面越普惠，后面越选择。要么就医、入学时人满为患，要么毕业时千军万马过独木桥。所以普惠其实讲的是机会普惠，结果未见得普惠。

到了资本市场，问题更没那么简单。

例如，A 股市场是企业高准入门槛，投资者低准入壁垒，对投资者而言是普惠的。新三板是投资者高准入壁垒，企业低准入门槛，对企业来讲是普惠的。

以投资者低准入壁垒来讲，所有的自然人都能方便开户参与交易，但投资者最后还是被分出了层次，统计来看，有资金实力的机构和个人更容易拥有投研实力，收益率更高，普通大众成为“韭菜”的概率更高。

普通投资者也有通过参与公募基金变成合格投资人的可能，但是综观全球，优秀的私募机构一般可以跑赢优秀的公募，而私募的投资者是有进入壁垒的，有钱人依然在这方面有优势。

从新三板市场也能看出这个端倪，中小企业可能在当地还算小有名气，挂牌很容易，但是一旦挂牌成功，在融资问题上就变成了要跟已挂牌的全国范围内的同行企业竞争，本地优势有可能变成全国劣势。

除了跟全国范围内的同行比拼，新三板市场上的小企业还要同已挂牌的大体量企业进行竞争，小企业在这方面无疑是缺乏优势的，所以新三板虽然挂牌容易，但融资、交易等资源却显著向大公司集中。

那么，能不能把各市场简单地都开放成普通的低准入壁垒，为投融资双方都提供普惠机会？

相信读者已经发觉，这明显违背了经济学研究中“稀缺”（Scarcity）的基本定义，要么演变成灾难，要么演变成没有高端投融资机构、公司和个人参与交投的垃圾市场、僵尸市场。

有竞争，有差异，有交融

因此，科创板或新三板都不会是普惠的市场。它们是差异定位的市场，服务于不同的企业群体和投资者群体。

首先，科创板的推出对中国创新型企业的发展是好事情，是中国建设多层次资本市场的一个重要举措，能推动中国经济高质量地发展。

其次，科创板和新三板的内涵和外延还是有差异的。从外延的广度来说，科创板定位的一定是偏科技型的企业；而新三板的外延会更广泛，行业容忍度、商业模式容忍度，甚至公司规模容忍度一定会远高于科创板，大量的公司只适合上新三板而不是科创板，所以新三板是民营中小微企业资本运作的主战场。

再次，在笔者对中国资本市场分析的框架中，有不同层级的企业，也有不同层级的投资者，从减少监管套利的角度分析，科创板要么对入围企业设置比较高的准入门槛，要么一定有合格投资者准入壁垒，抑或两者都有。不设置投资者准入壁垒同时又实行注册制，笔者预测时机还不到。而新三板侧重的是单维度的合格投资者准入壁垒，所以对企业的准入门槛就可以设置得比较低。

最后，关于注册制。如何用虽不太准确但是简明的办法区分注册制和核准制呢？笔者的方法是，看哪个层级审批。企业上市都是需要审批的，一般来说，注册制是交易所审批，核准制则是证监会审批。目前企业在新三板（也叫交易场所）挂牌由全国股转系统审批，但是挂牌企业融资后一旦出现股东数量超 200 人的情况就必须由中国证监会审批，这种情况下也许叫“准注册制”更为准确，而注册制是把审批权限也下放到交易所。

总之，科创板跟新三板有竞争，也有差异和交融之处，但是并不构成百分之百的竞争或者对抗关系，应该还有大量的互补空间，中国有大量质地优秀的企业，由于受制于自身的行业属性、历史沿革情况、规范度情况或者规范成本等，既不能在主板、中小板和创业板上市，也不能在科创板上市，那么新三板就是它们很好的归宿。

上海的科创板倒是有可能与港股市场和纳斯达克形成更为直接的竞争关系，科创板的推出对于争夺国内赴境外或海外上市的优质企业意义更大。科创板必须坚持高标准的筛选机制，这是其走向成功的基础。

新三板仍然有前途

在科创板推出后，笔者并不认为新三板没有前途。当然，如果非要以所有挂牌新三板的企业都能获得高流动性、高估值、高交易换手率的标准来定义新三板前途的话，倒是可以认为新三板前途渺茫。

笔者之所以认为新三板有前途，就在于它不能简单地以流动性和估值来衡量，而在于能以什么样的“身段”、什么样的手段来服务好众多的中小企业，给这些中小企业普惠的资本市场机会。

笔者一直讲，四象限模型中的“小传统”企业是不会有估值的，自然也不会有流动性，但并不反对有一个市场给予这些企业普惠的机会，引导小传统的企业朝小新兴、大传统、大新兴方向转型，并在转型过程中给予这些企业各个方面的帮助支持，具备这个功能的板块在目前中国资本市场版图里非新三板莫属。

这是新三板独有的服务功能，这是利国利民的好事，怎么会没有前途呢？

但是这个“好事”如何做好，用什么方式和手段做好，是需要好好研究的，如果仅瞄准流动性、瞄准降低投资者准入壁垒的方向，路就会走歪。所以这是新三板改革的一个重要方向。

新三板改革还有一个重要方向，就是一定要能够给转型成功的企业以激励！

目前，新三板近万家挂牌企业混合在一起，创新层与基础层的分层工作重在了“分”，轻在了“激励”，效果不是很理想。那么新三板再改革就一定要注意用好筛选机制，让好的企业可以有与其资质相匹配的流动性和估值，这就是激励，从而就可以引领“小传统”企业的转型升级。

新三板的行业选择足够包容，跟主板、科创板有足够的互补空间，即便有一些企业转到了主板、科创板，依然有很多企业可以在新三板的最高层级中找到自己的位置，并将新三板作为自身的资本市场发展规划主路径，这一点笔者毫不怀疑。

四个敬畏！

新任证监会主席易会满在首度公开演讲并回答记者提问中，强调了4个“敬畏”：“敬畏市场，尊重规律、遵循规律”“敬畏法治，坚持依法治市、依法监管”“敬畏专业”“敬畏风险”。

这4个敬畏提得非常好，尤其是敬畏市场、遵循规律和敬畏法治，总结起来就是要减少人为干预，更多地发挥市场本身的自平衡机制和能力。

长久以来，我们对注册制的理解有些误区。例如，注册制好像就是不用审核；就是什么企业都可以上市；就是不顾二级市场承受能力，随时就可以发行上市。这些都是对注册制的偏见，以及对市场自平衡能力缺乏认知和必要信心的表现。

科创板确实是不需要中国证监会审核了，但是上交所对信息披露的审核还是需要的，在某些方面的要求可能还会更高。

此外，即便交易所审核、中国证监会注册都能够成功通过，公司上市成功与否和市值表现还需要经过保荐机构、战略投资者和二级市场投资机构的选择[①]，后面3个选择，就是还权让市场选择，就不会出现什么企业都能上市的现象，即便上了市，投资者用脚投票的结果以前只是价格下跌，现在则可以触发退市。

在注册制环境下，虽然监管部门不再控制发行节奏，但是“预计市值[②]”的规定，发行人自己的心理预期，依然会影响发行节奏，而市场自平衡能力的发挥，会导致注册制环境下的企业上市节奏依然呈现明显的周期性。

科创板规定的5套标准，无一例外选择了市值作为主要元素，预计市值是保荐人的工作，但是最终结果还要经过市场询价方法的检验。虽然我们在理论上有很多估值方法、估值逻辑，也一直都倡导所谓的“理性投资”；但事实上，不管研究理论有多么高深，多有市场号召力，市场认同度最高的方法还是二级市场估值比较法：在国内外市场找一个或一组同类或者近似的企业，在其二级市场价格定价的基础上再给出适当折价或者溢价。其实，资本市场经过这么多年的发展，我们想找一家在全球市场没有近似对标的企业，还真不那么容易。

所以，当市场低迷，市场需求热度不高时，预计市值和询价环节确定的市值就会低，导致事实上企业发行上市的门槛提高，供给减少；而当市场火爆时，市场需求热度增加，预计市值和询价环节确定的市值就高，企业发行上市门槛相应降低，供给增加。

① 关于这三方面选择的详细解读，请参见本书“定位”一章。
② 关于“预计市值”的详细解读，请参见本书“内核”一章。

这跟目前核准制条件下给定固定利润门槛带来的上市供给量相对稳定是完全不一样的。在后者条件下，只好通过行政手段来管控上市“阀门”，这也是不得已而为之的事。

当然，在二级市场低迷的环境下，拟上市公司的创始人、投资机构股东，也会理性预测企业上市之后的市场表现，如果认为暂时没有融资需要并且上市后还会有业绩亏损可能，大家也会选择再等待一个好的时机上市，这也将使得市场低迷环境下的上市企业数量会减少。

关于这一点，笔者有个建议给部分想上市的企业：历史上，很多企业在规范和准备上市的过程中，企业家总有一个“先做到什么样子，然后再规范、再申报上市”的想法，而且有这种想法的企业家还不在少数。这都是在核准制条件下“固化标准”引发的思维定式。

在注册制环境下，貌似预计市值是固定标准，但其实市值是浮动的，从而导致标准也是浮动的：同样的企业，在今年也许就能上，明年即便利润增长了，但是未必就还能符合上市标准。所以，建议有上市想法的企业，要提早开始，时刻准备，迅速反应，以抓住适合自己上市的宝贵的时间窗口。

其实，市场自平衡机制还有个很重要的体现之处，就是“T+0”交易制度，这种制度决定了股票当日的供给在理论上可以是无限的，充足的股票供给可以很好地平抑来自需求端的非理性炒作，控制价格泡沫，这也是海外注册制市场做空制度得以成功的保障。但是，目前科创板市场实行“T+1”加融资融券的制度，导致市场丧失了这种自平衡机制。

总之，企业上市要敬畏市场，尊重规律，减少人为干预。

中国式注册制的挑战

注册制是不同于核准制的一种新型生产关系，对应不同的生产力，并会促进不同生产力的发展。

核准制的特点是什么呢？权力集中化！所谓证券市场的“权力集中化”，是指市场建设、上市公司选择更加注重管理层意志，制度对市场的影响足够刚性，很多时候市场无法通过自身的能力进行调节。

注册制的特点却有所不同，相比核准制，它表现得更为“权力分散化”。企业按规则进行信息披露，至于投资者能不能认同，企业能不能上市成功，则取决于投资者个体用货币投票的结果，萝卜青菜，各有所爱。时间是试金石，好的企业、好的商业模式，在“马拉松”过程中脱颖而出，不断获得投资者对其的“连选连任”[①]，能使社会福利更高。

但是，注册制是否就一定完全分权化，未必。分权的试错成本也很高，资本长线看是明智的，短线有时也十分盲目，所以我国试行的注册制也有自身的特色。例如，窄门框、限定行业范围，就依然有集权的特色、计划的色彩。在通常情况下，这种“窄门框”也叫“产业政策”。

行业与商业模式的选择也一定会体现管理层的理念，君不见，港交所就否决了“矿机”生产类公司的上市申请；再如，不管如何放开交易机制，降低投资者壁垒，市场稳定依然还是底线。

① 此处选用政治选举术语做比喻，体现在注册制下，投资者对自己所投资股票的支持。

我们通常讲新三板是“准注册制”的，用“准”这个字眼，至少有两方面的原因：一是虽然企业挂牌审得比较松，但是却没有 IPO 机制；二是再融资过程中一旦股东数量超过 200 人，还是需要重新“核准”。

无论如何，新三板还是给我们提供了一些可借鉴的经验。

即便是实行“准注册制”的新三板，依然是体现国家产业政策的：房地产业不能挂牌，私募行业被从严监管，限制挂牌和融资，等等。

注册制也要质量和数量并重，有了主板市场实行核准制 20 多年的经验教训，有了新三板发展 5 年多的经验教训，可以对上述讨论做如下总结：

1. 注册制是中国资本市场的新型生产关系，必然带来新的生产力，也会带来新的意想不到的问题。

2. 中国式注册制，要特别注意解决好“集权”“分权”适度的问题。大的方面，比如制定产业政策、维护市场稳定等方面可能会明确地实行“集权”式管理；小的方面，比如发行、定价、交易、产品等各方面要多考虑“分权”的事，让市场来多发挥作用。

3. 质量、数量都注重。企业质量是影响一个市场发展健康与否的最关键要素，是市场长期发展的基石，在注册制起点阶段不宜放松标准；不过，管理太严又会严重影响上市企业的数量，其数量太少容易使市场供求失衡，从而使价格操纵、价格波动带来更多的负面问题。

所以，松紧适度，质、量并重，对交易所考验不小。

定位

——中国股市的“天才少年班”

我人生的一大遗憾就是我不是别人。

——伍迪·艾伦

我没有路，但我知道前进的方向。

——丘吉尔

各方的努力，共同“绘就”了科创板这幅“长卷”，在其中大家会看到各式各样的科创企业，它们无疑是科创板中最闪亮的星。目前，有些巨星已经展示在我们面前，星光熠熠。正如大学中的“天才少年班”一样，科创板将会是未来优秀企业的“黄埔军校”。

不过这不是最重要的，重要的在未来。未来诸多有潜力成为“科创巨星”的黑马企业们，更值得市场关注。那么，要想登上科创板舞台，分享科创板盛宴，未上市企业怎样才能蜕变成真正达标的科创板上市企业？

纲领："三个面向"

中国证监会在其发布的《关于在上海证券交易所设立科创板并试点注册制的实施意见》中明确提出：

（三）准确把握科创板定位。在上交所新设科创板，坚持面向世界科技前沿、面向经济主战场、面向国家重大需求，主要服务于符合国家战略、突破关键核心技术、市场认可度高的科技创新企业。

同时，中国证监会在《科创板首次公开发行股票注册管理办法（试行）》第三条中再次强调和突出了"三个面向"。看来，正确理解和解读这"三个面向"，对于大家理解科创板，理解科创板上市企业的特征有重要意义。

几个重要文件

2014 年 8 月 18 日，习近平总书记主持召开中央财经领导小组第七次会议，并在会议上阐述的实施创新驱动发展战略的 4 点意见中指出：

要面向世界科技前沿、面向国家重大需求、面向国民经济主战场，精心设计和大力推进改革，让机构、人才、装置、资金、项目都充分活跃起来，形成推进科技创新发展的强大合力。

2016 年 5 月 20 日，中共中央、国务院印发了《国家创新驱动发展战略纲要》，涉及“三个面向”的内容在该纲要的基本原则部分，其中提道：

紧扣发展。坚持问题导向，面向世界科技前沿、面向国家重大需求、面向国民经济主战场，明确我国创新发展的主攻方向，在关键领域尽快实现突破，力争形成更多竞争优势。

此后，2016 年 5 月 30 日，习近平总书记在全国科技创新大会、两院院士大会、中国科协第九次全国代表大会上的讲话（《为建设世界科技强国而奋斗》）中，再次提及“三个面向”，但三者的排列顺序略有调整：

科技兴则民族兴，科技强则国家强。实现“两个一百年”奋斗目标，实现中华民族伟大复兴的中国梦，必须坚持走中国特色自主创新道路，面向世界科技前沿、面向经济主战场、面向国家重大需求，加快各领域科技创新，掌握全球科技竞争先机。这是我们提出建设世界科技强国的出发点。

可以发现，深入学习上述 3 个文件对于我们解读科创板定位，解读“三个面向”有重要意义。建议有兴趣的朋友查找这几个文件并认真阅读一下。而只有把握住科创板定位，我们在未来的投资、上市等实践中才会有更明确的认识，更精准的动作。

如何理解“面向世界科技前沿”？

在“三个面向”中，世界科技前沿是引领性的，是最重要的，需要从4个方向来理解：

空间概念

面向世界科技前沿，应从全球视角出发。中国的公司不仅要知道自己的水平，也要知道国外同行们的水平，还要知道全球科研究竟是谁在引领，全球还有哪些重大科技问题没有得到正面解决和突破。

中国的高科技企业需要在政策引领下寻找适合自己的发展方向和路径。华为这样的民族企业证明，只有踏实前进才能迎来自己的收获期。而中国的资本市场也需要对科技领域进行真正扎实的布局，为中国企业征战海外市场提供原动力。

时序概念

每一个历史时代，世界的前沿科学都是发展变化的。曾经的前沿科学会逐渐成为传统，新的课题、新的解决方案不断出现。习近平总书记强调：

当今世界，新一轮科技革命蓄势待发，物质结构、宇宙演化、生命起源、意识本质等一些重大科学问题的原创性突破正在开辟新前沿新方向，一些重大颠覆性技术创新正在创造新产业新业态，信息技术、生物技术、制造技术、新材料技术、新能源技术广泛渗透到几乎所有领域，带动了以绿色、智能、泛在为特征的群体性重大技术变革，大数据、云计算、移动互联网等新一代信息技术同机器人和智能制造技术相互融合步伐加快，科技创新链条更加灵巧，技术更新和成果转化更加快捷，产业更新换代不断加快，使社会生产和消费从工业化向自动化、智能化转变，社会生产力将再次大提高，劳动生产率将再次大飞跃。

这段讲话要从3个方面来理解：一是世界性前沿在不断开拓；二是很多前沿研究、前沿技术正在大规模地转化成生产力，获得市场认可；三是前沿技术可以大范围跟传统产业融合，大幅度提高社会生产力。把握好这3个层次，对我们理解科创板有指导作用。

研发投入视角

科学技术是第一生产力，科技产业引领人类进步，是国民财富的终极表现。跟大量的应用型研究不同，世界科技前沿性质的基础研究对一个国家、一个机构、一个企业的研究能力、研发投入提出重大挑战。观察一个企业在科创板的“长跑”能力，有个重要的视角是公司的持续研究实力、研发投入能力，而不单纯是生产制造能力、产品销售能力。研究员和保荐人都应该重点关注企业这方面的情况。

科研水平视角

《国家创新驱动发展战略纲要》中指出：

……创新能力从“跟踪、并行、领跑”并存、“跟踪”为主向“并行”、“领跑”为主转变。

这个要求也是大家研究、投资、承揽科创板项目的指针。

美国每年都有大量科技类公司上市，其通过纳斯达克等资本市场将高科技公司未来现金流神奇地贴现为目前可以支配的金融财富，同时，这些科技类公司还享受高估值。我们知道，这其实也是美国综合国力的体现。中国的科技企业成长到一定阶段，也需要一个类似纳斯达克的市场,而科创板将确保中国也能和美国一样，发挥资本市场对科技的定价作用，重新构建国际金融利益格局。

如何理解“面向经济主战场”？

是不是有关世界科技前沿的研究就是科创板要服务的对象？这样理解有些片面。

有些科技成果是可以直接转化成生产力，迅速提高劳动效率，增进人们福祉的；有的科技成果离转化生产力比较遥远，或者其价值很难用货币衡量。打个不恰当的比方：我们在考古学某些领域的研究可能位于世界前沿，也可以做到世界领先；但是离转化为生产力，服务于经济主战场就比较远一些。

在今天这个特定的时代，我们的经济主战场要从以下几个方面去理解：

服务供给侧改革

“三去一降一补”是大家都知道的，核心内容就是提升生产效率，降低生产成本，增加高端供给，以满足“人民日益增长的物质文化需要同落后的社会生产之间的矛盾”。

习近平总书记的这段讲话也许可以让大家有更深刻的领会：

新形势下，长期以来主要依靠资源、资本、劳动力等要素投入支撑经济增长和规模扩张的方式已不可持续，我国发展正面临着动力转换、方式转变、结构调整的繁重任务。现在，我国低成本资源和要素投入形成的驱动力明显减弱，需要依靠更多更好的科技创新为经济发展注入新动力；社会发展面临人口老龄化、消除贫困、保障人民健康等多方面挑战，需要依靠更多更好的科技创新实现经济社会协调发展；生态文明发展面临日益严峻的环境污染，需要依靠更多更好的科技创新建设天蓝、地绿、水清的美丽中国；能源安全、粮食安全、网络安全、生态安全、生物安全、国防安全等风险压力不断增加，需要依靠更多更好的科技创新保障国家安全。所以说，科技创新是核心，抓住了科技创新就抓住了牵动我国发展全局的“牛鼻子”。

服务三大攻坚战

党的十九大报告指出：

……要坚决打好防范化解重大风险、精准脱贫、污染防治的攻坚战，使全面建成小康社会得到人民认可、经得起历史检验。

哪些技术创新可以服务这 3 项重要任务，那么也就进入了今天的经济主战场。

服务“一带一路”

改革开放是我国的持续性战略，“一带一路”倡议可以理解为今后我国对外开放的总纲领，也必将成为我国全面深化改革的重要推手。

如果一项科研成果能够比较迅速地转化为生产力，并能很好地服务于国家战略或倡议，就算是抓住了面向经济主战场的牛鼻子。

如何理解“面向国家重大需求”？

笔者理解：越是我们被卡脖子卡得难受的领域，就越属于国家重大需求。这方面大家会经常看到一些文章，比如我国虽然在某个领域已经做到全球产能第一，但是核心装备、核心部件还基本被国外控制。如果这样说理解起来还有些晦涩，那么大家想想光刻机、高端数控机床、高端机器人等案例，应该就更容易理解了。

所以，高端装备、产品的进口替代，就基本上属于这个类型，同时，这方面的技术越是能够保障国家安全和长远发展，就越属于国家重大需求。

在中共中央、国务院发布的《国家创新驱动发展战略纲要》中，有以下两段话：

面向2020年，继续加快实施已部署的国家科技重大专项，聚焦目标、突出重点，攻克高端通用芯片、高档数控机床、集成电路装备、宽带移动通信、油气田、核电站、水污染治理、转基因生物新品种、新药创制、传染病防治等方面的关键核心技术[①]，形成若干战略性技术和战略性产品，培育新兴产业。

面向2030年，坚持有所为有所不为，尽快启动航空发动机及燃气轮机重大项目，在量子通信、信息网络、智能制造和机器人、

① 我国已部署16个国家科技重大专项。

深空深海探测、重点新材料和新能源、脑科学、健康医疗等领域，充分论证，把准方向，明确重点，再部署一批体现国家战略意图的重大科技项目和工程。

上述方向都属于国家重大需求。

2017 年 11 月 23 日，在前期成立了 6 个试点国家实验室基础上，科技部印发《科技部关于批准组建北京分子科学等 6 个国家研究中心的通知》，北京分子科学、武汉光电、北京凝聚态物理、北京信息科学与技术、沈阳材料科学、合肥微尺度物质科学这 6 家国家研究中心挂牌成立。有资源的投资机构或券商也可以到这些部门去了解面向国家重大需求的项目或国家重大专项，同时也可以跟踪和孵化一些科创板储备标的。

“三个面向”可以说是科创板定位的总纲领，含义广泛。只有深刻理解“三个面向”，才能让我们更深入理解科创板重点支持的六大行业要求以及“拥有关键核心技术、主要依靠核心技术开展生产经营、具有稳定的商业模式”等内容。

特色：“二新、一大”

在科创板正式的上市标准出台前，笔者曾对其进行过推测。正式标准出台后，印证了笔者的“先见之明”。本小节笔者将为读者系统阐述之前的推测内容以及背后的逻辑，从而深度剖析科创板上市企业的特征。

2018 年 11 月 5 日，设立科创板的消息一经发布，笔者就推测科创板的定位应该是“科技大大板”，而不是“科技小小板”。科创板的上市企业定位应该聚焦在“二新、一大”上。其中“二新”指新技术、新经济，“一大”是指公司市值大 。而“二新、一大”的企业就是本书四象限理论中的“大新兴”企业。这类大市值公司既可以是财务报表亮丽的大型科技公司；也可以是营收和利润都不够高，但是市场仍给予较高估值的大型科技公司。这与科技公司需要大量前期投入，实现回报周期长的特点是匹配的，而与小型科技型创业企业的特点完全不一样。

至于笔者为何这样推测？背后的逻辑如下：

科创板定位的战略意义

只有“科技大大板”的定位才符合建设上海国际金融中心的战略定位，对国家才有战略意义。

中国证监会负责人指出，“在上交所设立科创板是落实创新驱动和科技强国战略、推动高质量发展、支持上海国际金融中心和科技创新中心建设的重大改革举措”。

我国的资本市场建设多年，成绩斐然，但存在的问题也很多，其中一个很大的问题就是受限于我国的发审制度，导致近年来涌现的大市值高科技公司几乎全部在海外或境外上市，亮丽了别人家的指数，痛了国内投资者的心。但是，由于历史原因，贸然改动现行的发审和交易规则，又会引发其他问题，是市场不能承受之重。

通过增量改革，引入国际资本最为熟悉的资本市场基础制度；通过市场建设，争取国内最优秀的科技企业在 A 股上市，并吸引全球最优秀的科技型企业入驻，争夺国际资本市场制高点，以此继续推进人民币的国际化和自由兑换进程，这个意义就比推动科技型企业快速发展这样单维的目标更为深远和宽广。

大市值公司是交易所的必备

只有大市值公司才可能拥有高流动性，才可能建设成功的交易所。

成功的国际一流交易所一定是能够满足大型国际资本较高流动性需求的交易所。因为没有流动性，再好的标的也难吸引大资金进入。

那么，什么样的上市公司才是大市值公司呢？我们从美股和港股中来看一些数据。

1. 美股。在美股5000家上市公司中，总市值在1000亿美元以上的有80家，占比为1.6%；500亿美元以上的有180家，占比为3.6%；300亿美元以上的有300家，占比为6%；1亿美元以下的有1000家，占比为20%；5亿美元以下的有2000家，占比为40%；10亿美元以下的有2500家，占比为50%[①]（资料来源于冯远春博客，不精确，但基本能说明问题）。如果以50%比例为限，则美股中大概10亿美元市值是中大市值标准。

2. 港股。截至2018年11月，港股有2617家上市公司，其中市值在100亿港元以上的有450家左右，市值在50亿港元以上的有650家左右。中国证监会给出的港股通投资范围大概涵盖了400家上市公司，适当放宽标准，笔者觉得10亿美元也基本可以作为港股大市值公司的入门标准。港交所2018年开始允许

① http://m.sohu.com/a/223752638_135357.

尚未盈利的生物科技公司在主板上市，对市值设置了最低准入门槛，要求预期最低市值须达 15 亿港元。

如果真以 10 亿美元（折合人民币为 60 亿 ~70 亿元）作为市值衡量标准，大家就可以以此标准对照一下目前 A 股市场的市值分布，就知道为什么科创板才是中国 A 股市场层级最高的板了。

作为对标，截至 2018 年 11 月 13 日收盘，创业板有 736 家上市公司，市值中位数为 33.04 亿元；中小板有 919 家上市公司，市值中位数为 42.30 亿元；主板有 1439 家上市公司，市值中位数为 51.82 亿元。在我们的 A 股市场，几十亿元市值的上市公司仍占大多数。

这样的市值水平，除非市场疯狂炒作，否则很难让大型机构进行大资金配置，其也无法满足大型机构的资金退出需求。因此，只有大市值公司才能匹配大型投资机构的投资需求，也只有投资者中以机构投资者为主，股票市场才能称得上是成功的市场。

与国际接轨的需求

只有具有较高流动性的市场才能设计出跟国际资本市场相匹配的基础性制度，推出能接轨国际的交易规则和各类衍生品，进而引进更多的国际资本。

相对于今天 A 股市场的其他板块，科创板除了在发行上市条件上试点注册制外，在交易条件上，还有诸如涨跌幅限制、回转交易制度、做空等多项交易制度；在交易品种上，有基于大市值公司的各类衍生品，有基于大市值公司的优秀的成分指数，上述内容几乎都是国际资本大举进入的必备条件。否则，小市值并且只能单向做多的市场，怎么可能成为机构投资者扎堆的市场？而没有机构投资者扎堆，又怎么能够成就国际一流的资本市场？

交易所市场不服务小型科技企业

实证上看，交易所市场从来就不是孵化小型科技企业的良好场所，小型科技企业也不应该追求高流动性和高换手率。

国内理论界、实务界都有个非理性的诉求：希望交易所市场是孵化小型科技企业的市场。事实上，综观国际资本市场，这个诉求既没有可行性也没有必要性。小型企业内涵上不具备高流动性基础，同时高换手率的股东也不利于小型企业在初级阶段的发展。

交易所市场对小型科技企业的重要作用是作为多层次资本市场的领头羊，给予已经成功或者基本成功的企业以合理定价，给予之前的投资者和创业者以高倍率回报的奖赏，从而激励创投机构和投资者永远追逐下一个成功的小企业，塑造出全社会的创业投资氛围。

这才是对交易所市场孵化科技企业作用的正确理解。

一个有趣的测试

相信读者已经对笔者提倡的，科创板是“科技大大板”的说法有了充分了解，接下来我们进行一个有趣的测试：不考虑科创板定位，单纯比照科创板 5 套上市标准，目前 A 股上市公司中 40 亿元以下市值公司的“不达标率”有多高？如果这个“不达标率”很高，是不是从侧面印证了科创板就是“科技大大板”？

研究方法和假设

■ 市值按 2019 年 4 月 19 日的收盘价计算；

■ 科创板 5 套上市标准中的第二套标准涉及研发投入，由于之前上市公司不单独披露研发费用，所以不考虑第二套标准中的研发投入，把其中的市值要求融入第一套标准；

■ 按照前述原则，取市值 10 亿 ~20 亿元的公司比照第一套标准；取市值 20 亿 ~30 亿元的对照第三套标准，取市值 30 亿 ~40 亿元的对照第四套标准，默认所有市值在 40 亿元以上的公司都可以符合第五套标准；

■ 已经披露 2018 年报的，用 2018 年数据；未披露 2018 年报的，采用 2017 年数据。

结果

■ 市值 10 亿 ~20 亿元的公司有 124 家，符合第一套标准的有 78 家，不达标率为 37.1%；

■ 市值 20 亿 ~30 亿元的公司有 527 家，符合第三套标准的仅有 268 家，不达标率接近 50%；

■ 市值 30 亿 ~40 亿元的公司有 478 家，符合第四套标准的有 437 家，这个标准下的达标率最高，达到 91.4%。

从另一个角度分析，市值 10 亿 ~40 亿元的公司共有 1129 家，其中：符合第一套标准的共有 822 家，达标率为 72.8%；符合第三套标准的有 558 家，达标率只有 49.4%；符合第四套标准的有 437 家，达标率只有 38.7%。

结论

即便不考虑行业、科技含量和研发能力等因素，目前A股已上市公司也并非全部能满足科创板的上市标准；如果考虑科创板定位的因素，目前A股市值40亿元以下符合科创板上市标准的公司将少得可怜，这从另一个视角诠释了笔者坚持的科创板是“科技大大板”的观点。

从实际数据看，对大多数公司而言，第一套标准确实最容易满足，市值越高，挑战越高。第三套标准包含现金流标准，达标率最低，说明上市公司赚取现金流真心不易。这是目前很多公司的通病，也是投资者心底的痛。

窄门框：行业聚焦

此处的“门框”特指科创板的行业接受度。就此也谈谈国内要试行的注册制与海外市场注册制的一个显著不同点。

2009年创业板推出之际，很多人高喊“中国的纳斯达克”来了；2013年新三板市场设立时，又有一批人高喊“中国的纳斯达克”来了；2018年推出科创板后，又有人喊“中国的纳斯达克”终于要建立了，这次会是真的吗？笔者觉得仍不是真的。同样是注册制，我国科创板试点的和海外以纳斯达克市场为代表实行的有哪些不同呢？

最显著的一点就是，两个市场对行业的接受度完全不一样，纳斯达克拥有宽泛的行业和商业模式接受度，而科创板暂时只会采取较窄的行业和商业模式接受度。

以纳斯达克为例，虽然目前绝大多数市值被以TMT和生物技术为代表的行业瓜分，但这只是市场很多年自由选择的结果。在纳斯达克市场，并不排斥其他诸如金融、食品饮料、房地产等行业的公司注册上市，在纽交所、港交所更是如此。应该这么讲，只要公司合法存续，客户愿意接受，股票发得出去，公司判断未来能够符合上市维持标准，就可以申请发行上市。

而我们的科创板，行业限制会非常严格。

首先，科创板的上市行业政策应该服从国家的产业政策，这由现实国情决定。

其次，科创板的行业和企业还必须拥有高科技属性标签，符合国家鼓励的产业方向。打个比方，虽然茅台盈利能力很好，品牌的护城河也很深，但是以目前的状况判断，也是没有资格申报科创板的。

最后，虽然我们从政策上可以马上推出注册制改革，但是我们的全套监管和服务体系还需要很长一段时间来适应注册制。

比如说，上交所的审核人员是否能充分了解各类新经济的特点，是否能问出有深度、接地气的问题，从而使发行人的信息披露得更加充分和有效？我们的投行服务机构是否真的会对各类成熟度不一的高科技企业估值和定价，进而顺利地销售出股票？我们是否能预见各行业和各种商业模式未来可能会出现什么样的重大问题进而对市场造成巨大打击？相信解决上述问题都需要时间和经验的积累。

因此，市场流传的“硬科技”的提法就顺理成章。所谓“硬”，就是企业生产的多是看得见摸得着的产品，而“科技”就是科技制造业。对这些企业定价时，如果能叠加合适的盈利指标，我们的整套服务体系就会比较容易以熟悉的市盈率定价法对它们进行包装和股票承销，投资者就能以熟悉的方式进行交易。

随着这些企业在注册制制度下顺利上市，其他更多类型的新经济模式企业就容易慢慢融入，企业、投资者、中介机构和监管者在这个过程中彼此磨合，科创板的门框可能会随着时间的推移而逐步放宽。

但是无论如何，“高科技”的标签怕是要贴很长时间了。

其实，如果把我国几个市场的行业门框对比看，区别也是比较醒目的：新三板作为我国最大的基础性市场，行业准入要求最宽松，除了房地产行业，几乎其他所有的行业都可以在这个市场上找到身影；相比新三板，主板的行业门框要窄很多；相比主板，创业板开板之初的行业门框仍比主板窄很多，但是随着时间的推移，创业板的行业门框有向主板靠拢的趋势。

科创板将是中国资本市场行业门框最窄的市场，绝大多数企业受自身的行业属性所限都无法登陆这个市场，所以科创板市场虽然试点注册制，但却可能是全球最为“精品”的注册制市场。

现在请读者想象一下，比如某只基金，如果配置电商板块，估计还得搜索海外市场；但是要配置中国高铁板块，估计科创板就是最好的“场子”了。

双重门槛：执行差异

对于企业而言，想踏入科创板的大门，门槛不仅高，而且还是双重的。首先，企业要跨过法规门槛；其次，企业要跨过执行门槛。

法规门槛

以纳斯达克为例，该市场共分为3个层级，其中，全球精选市场（NASDAQ Global Select Market）是纳斯达克最高层级的市场，上市家数最多，流动性最好。纳斯达克全球精选市场有4套上市标准，我们可以跟科创板的5套上市标准做一个比较（见表6、表7、表8和表9）：

标准一：盈利标准

表6　科创板与纳斯达克全球精选市场上市盈利标准对比

项目	内容
科创板	预计市值不低于人民币10亿元，最近两年净利润均为正且累计净利润不低于人民币5000万元； 或者预计市值不低于人民币10亿元，最近一年净利润为正且营业收入不低于人民币1亿元
纳斯达克全球精选市场	上市前3年连续盈利； 且最近两年每年税前利润均超过220万美元； 且上市前3年税前利润总和超过1100万美元

资料来源：上交所网站、纳斯达克网站。

从连续盈利的角度看，科创板需要1年或者连续2年盈利，而全球精选市场则需要连续3年盈利，科创板标准更低。

在每年利润标准上，假设上市公司所得税率为15%，汇率折算后两者差异不大。

在市值要求上，假设纳斯达克全球精选市场也要求发行25%的公众股份，折算后的市值要求为1.8亿美元，市值要求较科创板的略高20%左右。

标准二：市值 + 营收 + 现金流标准

表 7　科创板与纳斯达克全球精选市场上市“市值 + 营收 + 现金流”标准对比

项目	内容
科创板	预计市值不低于人民币 20 亿元，最近一年营业收入不低于人民币 3 亿元，且最近 3 年经营活动产生的现金流量净额累计不低于人民币 1 亿元
纳斯达克全球精选市场	连续 12 个月平均市值大于 5.5 亿美元； 最近一年营业收入大于 1.1 亿美元； 最近 3 年现金流均为正且总和不低于 2750 万美元

资料来源：上交所网站、纳斯达克网站。

综合而言，这套标准全球精选市场均较科创板严格许多。

标准三：市值 + 营收标准

表 8　科创板与纳斯达克全球精选市场上市“市值 + 营收”标准对比

项目	内容
科创板	预计市值不低于人民币 30 亿元，且最近一年营业收入不低于人民币 3 亿元
纳斯达克全球精选市场	连续 12 个月平均市值大于 8.5 亿美元；且最近一年营业收入大于 9000 万美元

资料来源：上交所网站、纳斯达克网站。

这套标准也是全球精选市场全面超越科创板。

标准四：市值标准

表 9　科创板与纳斯达克全球精选市场上市市值标准对比

项目	内容
科创板	预计市值不低于人民币 40 亿元，主要业务或产品需经国家有关部门批准，市场空间大，目前已取得阶段性成果。医药行业企业需至少有一项核心产品获准开展二期临床试验，其他符合科创板定位的企业需具备明显的技术优势并满足相应条件

续表

项目	内容
纳斯达克全球精选市场	市值超过 1.6 亿美元； 总资产不低于 8000 万美元； 股东权益不低于 5500 万美元

资料来源：上交所网站、纳斯达克网站。

从单纯市值的角度看，本套标准中，科创板的要求总体超过全球精选市场，而且对企业研发进展的要求很高。

标准五：市值＋营收＋研发投入标准

仅科创板有此条标准：预计市值不低于人民币 15 亿元，最近一年营业收入不低于人民币 2 亿元，且最近 3 年研发投入合计占最近 3 年营业收入的比例不低于 15%。该标准凸显了科创板的战略定位，而纳斯达克全球精选市场没有类似标准。

综合评判，纳斯达克全球精选市场有两套标准严于科创板，一套标准的严格程度与科创板基本持平，一套标准的严格程度低于科创板，同时科创板市场多出一套标准。鉴于此，如果说两个市场在指标上各有千秋、基本打平似乎也说得过去。

当然，纳斯达克市场整体定位的行业门框要较科创板市场宽很多，这个方面就不是单纯用数据指标可比的了，而在科创板 5 套上市标准中，实际上有两套标准跟研发有关，这也是纳斯达克标准中不关注的。

与科创板不同，纳斯达克市场还有两个低层级市场，上市家数不多。乍一看，似乎这两个市场的上市标准很低很亲民，但其实这两个层级的市场均设置了每家公司必须有 3 家做市商的要求，事实上是把选择和评判权交给了做市商。对标新三板挂牌企业的做市商现状，应该说每家公司必须有 3 家做市商的要求并不容易达到，这反而是纳斯达克两个低层级市场的核心要求。

执行门槛

可能看到这里会有读者产生疑问，在科创板的 5 套上市标准里，有一些也不是特别高啊？这跟一开始推测的“科技大大板”是不是有矛盾呢？在交易所给出的 5 套上市标准里，确实给初创企业预留了通道，最低的标准也许是“预计市值不低于人民币 10 亿元，最近一年净利润为正且营业收入不低于人民币 1 亿元”这一条。

直观来看，利润为正、营收不少于 1 亿元的标准似乎很好达到，但是叠加 10 亿元市值（发行后）标准，一级市场的投资机构都能了解，盈利水平不高、市值 10 亿元量级的相关“硬科技”企业到底意味着什么：标的稀缺，估值困难。这意味着能符合这一条要求的企业并不多见，初创企业想达标还是非常困难的。

很多情形下，法规标准都是最低标准，实际执行过程中采用的标准才代表一般意义。资本市场同理，我们不能简单地就法规标准讨论如何上市，还要分析统计市场实践信息传递的执行标准，要看执行门槛的高低。例如，A 股，主板、中小板法定的净利润指标是 3 年累计到达 3000 万元，但就实际结果来看，能成功 IPO 的企业的净利润水平都是远超法定标准的。这就是所谓在实际中的“执行标准”。

目前，我国对企业在资本市场挂牌和上市的标准可以分两个维度：

第一个维度是产业政策，有些产业可以比较容易地上市或者挂牌，有些产业目前不能上市或者挂牌，为了表述方便，本书把产业政策叫作上市（挂牌）“门框”。如图 7 所示，横轴代表这个门框，由中心向边缘的变化趋势是由“窄”到“宽”，比如之前创业板开闸时强调的“两高六新”，就属于重要的行业门框，目前科创板所重点支持的“六大行业”，也属于重要的行业门框。

第二个维度是企业规模，对企业规模的判断有很多标准，比如营收、市值等。但是，由于目前主板、创业板的标准是以净利润为主线的，图 7 也以利润为主线进行说明，辅之以市值（毕竟科创板的大部分标准都跟市值相关）。图 7 中纵轴的方向代表企

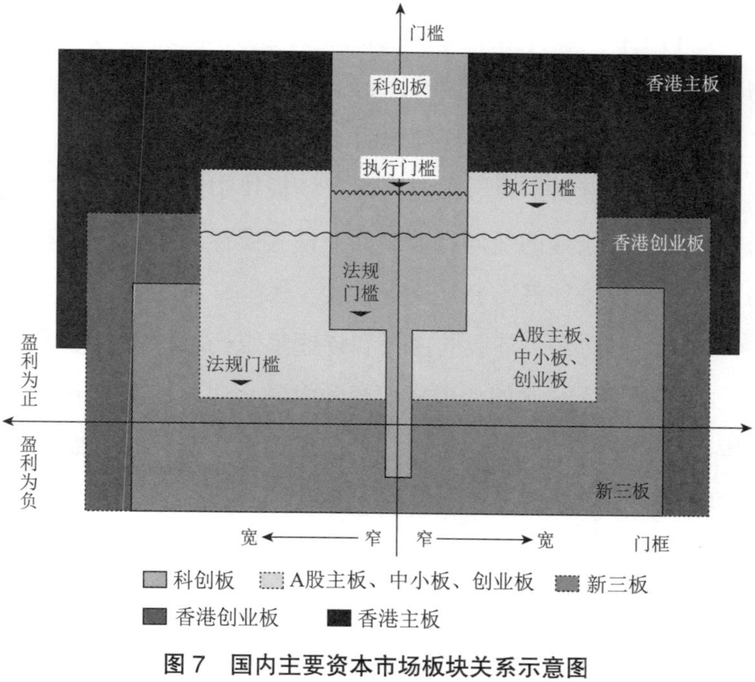

图 7　国内主要资本市场板块关系示意图

资料来源：笔者自制。

业规模，也即是上市（挂牌）“门槛”。

在图 7 中，在法规门框、门槛的作用下，每个资本市场的独立板块可以简化表示为一个长方形，其面积覆盖之处就是该板块在理想状态下可以上市的企业数量。

我们前文分析过，在多重因素的作用下，市场的实际执行门槛是远高于法定门槛的，以主板、中小板、创业板、科创板为例，实际上市企业的数量是远少于理想状态的。比如创业板，法定门槛净利润指标并不高，但实际在创业板成功 IPO 的企业的净利润都是远超法定指标的。

其他板块同理，以港股市场为例，未盈利的生物医药企业法定门槛要求预期市值不少于 15 亿港元，而实际在港股市场上市的未盈利生物医药企业，其市值都远超这个标准，例如，君实生物在香港地区发行时的市值就达到了 18.9 亿美元。

下面我们对图 7 进行详细说明：

■ 新三板市场是我国主要资本市场板块中门框很宽、门槛最低的板块，对企业的所属行业、商业模式属性和盈亏状况容忍度最高（不考虑境外市场），企业也最容易挂牌。

■ 就门框而言，港股的主板和创业板市场对行业的接受度比新三板还要宽泛，比如从事房地产开发的企业，在新三板不允许挂牌，但在港交所就可以上市。就门槛而言，港股的主板市场有一定的盈利要求，创业板不设盈利要求。

■ 主板、中小板、创业板在法规上的上市门槛大大提高，行业门框也大大收窄，即便如此，在实际执行过程中的标准也比法规规定要严格很多。所以，新三板很多挂牌企业似乎都符合主板、创业板的上市标准，但是能够真正在主板、中小板和创业板上市的企业却要少很多。

■ 科创板是目前几个板块中门框最窄、门槛最高的板块，但是它的门槛拖了一个长尾，因为它的规模是以市值标准为主线的，有些企业即便亏损，只要公司市值达标，就可以上市。

接下来，我们就从科创板的选择机制角度，再阐述一下其定位为什么是“科技大大板”。

交易所的选择

交易所选择什么？

首先，交易所限定了科创板企业的行业门框：“重点支持新一代信息技术、高端装备、新材料、新能源、节能环保以及生物医药等高新技术产业和战略性新兴产业，推动互联网、大数据、云计算、人工智能和制造业深度融合，引领中高端消费，推动质量变革、效率变革、动力变革。”这几句话决定了从行业和商业模式角度分析，科创板的行业容忍度是最低的。

其次，交易所会根据注册制的要求，限定企业的经营规范性、持续经营能力和基本市值标准。从预计发行后最低市值 10 亿元的角度，简单按照目前 A 股“主八创五”① 的净利润要求，发行市盈率 23 倍的经验数据测算，10 亿元市值的法规标准也基本是创业板目前发行最低市值的实际执行标准。

从退市维持标准看，纳斯达克全球精选市场的维持标准在 5000 万美元。可以说，科创板 3 亿元的市值维持标准跟纳斯达克

① 所谓“主八创五”，是指 IPO 新申报的企业，主板要求最近一年净利润超过 8000 万元，创业板要求最近一年净利润不低于 5000 万元。这是以前 IPO 审核中针对发行人的隐形准入门槛。

的全球精选市场是相仿的，而全球精选市场是纳斯达克的最高层级市场，也是上市家数最多的市场。

保荐机构的选择

保荐机构在意什么？

首先，在科创板方面，保荐机构关心的是承揽的项目能否顺利在预期的市值以上卖出去。跟主板情况不同，由于是注册制，上市资源不再稀缺，科创板企业的股票发行需要“真刀真枪”的销售，而不是坐等投资者抢购，这点请大家对照一下目前 A 股其他板块市场的再融资情况就比较容易理解了。

所以从承揽端来看，为了避免即便通过了交易所的审核和证监会备案但发行失败、无法上市的情形发生，未来保荐机构会越来越倾向于选择大市值、股票好销售的公司，精准地卡在 10 亿元市值底线（10 亿元市值是科创板预期市值的最低标准）的项目承揽将会非常严格。那么实践中就会演变成：虽然交易所执行最低标准，但是中介机构却不买账，导致实际内定标准高于法规标准的情形发生。

其次，保荐机构对于自身保荐的科创板项目，需要跟投一定比例并有锁定期。从这个角度考虑，券商也会倾向于选择市值大、持续经营能力强或者未来盈利好预测的公司进行保荐，而不会简单执行法规标准。

机构投资者配售的选择

科创板大幅提高了股票发行时向机构投资者配售的比例，而机构投资者投资股票的视野相较于散户更为国际化。

考虑到股票上市后的估值和流动性问题，机构投资者的报价也会更多地参考国际市场同类股票的估值，同时，科创板运转一段时间后二级市场给出的股票估值也会严重影响一级市场机构投资者的配售行为。未来，科创板一旦出现小市值公司的股票流动性低、估值不理想的情况，机构投资者的配售兴趣就会迅速转向大市值股票。

二级市场投资者的选择

科创板相较于目前 A 股其他板块市场有了一个标准不同的投资者准入壁垒，导致投资者散户化的情形有所修正。

机构投资者市场的显著特点就是大市值公司才是主流资金的配置对象，小市值公司容易被边缘化。无论是观察国际市场，还是参考 A 股市场这几年的变化趋势，这都是非常容易得出的结论。

在上述几个机制中，二级市场的走势会严重影响战略投资者的配售行为，而配售情况会严重影响保荐机构的行为，最终，在多重机制影响下，科创板将会比 A 股更早地呈现强者恒强的态势，即大市值公司享有更高的估值和吸纳绝大多数的流动性，小市值公司维持较低估值和非常低的流动性。

综上，读者才能更好地理解为什么笔者一直坚持科创板是“科技大大板”的定位和推测。而在 A 股现有的体系中，由于存在了太长时间的新股打新不败纪录，以及投资者散户化现象严重的现实状况，战略配售者并不担心股票的流动性问题，保荐机构只关注规范性和过会问题，导致其对大企业的选择标准没有这么苛刻。

不考虑清楚这一点，未来在科创板的投资中简单照搬以往经验，怕是会有些学费要交！

给你一份“尽职调查清单”

投资机构进行投资的时候，一般会拟一份尽职调查清单，以便了解企业的方方面面。科创板基于科技创新企业的独特定位，使我们除了行业、财务、法律等方面传统的调查资料外，有必要准备一份专门定位于科创板企业的尽职调查清单。

笔者结合实践，尝试制作了一份围绕科创企业的研发和核心技术的清单模板（见表10），既可以供机构投资者参考，也可以供那些希望未来在科创板上市的企业作为对照，哪里有短板，就主要在哪方面多下功夫。当然，尽职调查清单也可以让投行人士参考，用于在相关章节描述和披露企业的科创能力。

表10　科创企业尽职调查清单

一、是否符合科创板定位	
1	是否符合“三个面向”？
2	是否属于重点支持的新一代信息技术、高端装备、新材料、新能源、节能环保以及生物医药等六大行业？
3	可否推动互联网、大数据、云计算、人工智能和制造业深度融合？
4	可否属于被兼顾的市场认可度高的新模式、新业态优质企业？
5	商业模式是否稳定？
6	其他

续表

二、是否符合 5 套标准	
1	标准一 A：预计市值不低于人民币 10 亿元，最近两年净利润均为正且累计净利润不低于人民币 5000 万元
2	标准一 B：预计市值不低于人民币 10 亿元，最近一年净利润为正且营业收入不低于人民币 1 亿元
3	标准二：预计市值不低于人民币 15 亿元，最近一年营业收入不低于人民币 2 亿元，且最近 3 年累计研发投入占最近 3 年累计营业收入的比例不低于 15%
4	标准三：预计市值不低于人民币 20 亿元，最近一年营业收入不低于人民币 3 亿元，且最近 3 年经营活动产生的现金流量净额累计不低于人民币 1 亿元
5	标准四：预计市值不低于人民币 30 亿元，且最近一年营业收入不低于人民币 3 亿元
6	标准五：预计市值不低于人民币 40 亿元，主要业务或产品需经国家有关部门批准，市场空间大，目前已取得阶段性成果。医药行业企业需至少有一项核心产品获准开展二期临床试验，其他符合科创板定位的企业需具备明显的技术优势并满足相应条件
7	其他
三、是否拥有关键核心技术	
（一）企业拥有的核心技术情况	
1	企业从事的业务领域有哪些环节，应该有哪些核心技术？
2	企业掌握的核心技术描述
3	企业核心技术来源
4	企业未掌握的其他核心技术的处理方式
5	结合行业技术水平和对行业的贡献，描述企业技术先进性及具体表征
6	核心技术是否取得相关知识产权保护？
7	核心技术市场地位（领先、唯一或突破垄断等）

续表

（二）企业拥有的知识产权情况	
1	发明专利
2	软件著作权
3	新药批件
4	其他
（三）核心技术的科研实力和成果情况	
1	获得重要奖项、级别
2	承担的重大科研项目、级别
3	核心学术期刊论文发表情况、级别
4	企业参与其他课题或行业标准制定情况等
5	其他
四、科技创新能力是否突出	
（一）研发人员	
1	全部研发人员人数，占员工总数的比例
2	核心技术人员人数，占员工总数的比例
3	每个核心技术人员的学历背景构成、专业资质及参与的重大课题、获得的科研奖项、发表的重要论文或其他重要科研成果和奖项情况，对公司研发的具体贡献
4	近 3 年公司对核心技术人员实施的约束激励措施，包括薪酬、股权激励、竞业禁止等条件
5	近 3 年核心技术人员的主要变动情况，以及对公司的影响
（二）研发设备	
1	研发设备清单
2	取得方式

续表

3	相关技术指标与设备先进性
（三）研发创新机制	
1	企业保持技术不断创新的机制、研发机制或制度文件
2	技术储备，区分哪些核心技术已经大规模产业化，哪些正在导入产业化，哪些技术正在研发过程中
3	企业研发战略和未来技术创新安排
（四）研发合作（多个合作单位可分别列示）	
1	合作单位名称及资质优势
2	合作协议的主要内容
3	权利义务划分约定
4	采取的保密措施
（五）科研项目（多个项目可分别列示）	
1	正在从事的研发项目名称与内容、合作单位
2	项目所处阶段及进展情况
3	项目人员配备
4	项目经费预算与实际投入情况
5	项目拟达到的目标与时间计划表
6	结合行业技术发展趋势，相关科研项目技术水平与行业整体技术水平的比较
（六）研发投入	
1	近 3 年研发投入的金额与构成情况
2	近 3 年研发投入占营业收入的比例
3	研发投入的财务处理方式

续表

（七）研发产业化情况	
1	研发技术产业化情况
2	企业取得的科技成果与产业深度融合的具体情况
（八）其他	
1	其他能反映企业科研水平与创新能力的事项
五、核心技术与主业的关系	
1	主营业务、主要产品或服务的基本情况，主营业务收入的主要构成，依靠核心技术经营的业务或产品的比例情况
2	主要经营模式，如盈利模式、采购模式、生产或服务模式、营销及管理模式等，重点描述与核心技术或科研相关的模式
3	经营模式的创新性，包括独特性、创新内容、持续创新机制
4	主要产品的工艺流程图或服务的流程图，重点描述体现核心技术的独特性流程
5	生产经营中涉及的主要环境污染物、主要处理设施及处理能力（如适用）
6	主要供应商情况，重点描述与核心技术产品相关的供应商情况
7	大客户情况，重点描述与核心技术产品相关的大客户、行业知名客户情况
8	竞争情况，企业市场地位、主要竞争对手、优劣势分析
六、是否具有较强成长性	
（一）行业近 3 年发展情况和未来趋势	
1	行业近 3 年出现的新技术和未来技术分析
2	行业近 3 年出现的新产业 / 新业态和未来业态分析
3	行业近 3 年出现的新模式和未来模式分析

续表

（二）企业成长性	
1	过去3年业绩或市场规模成长情况
2	未来发展战略
3	募投资金关于科研用途的计划（如有）

资料来源：笔者自制。

内核

——规则的“散点”和“焦点”透视

天才是自创法则的人。

——康德

本章导读

散点透视与焦点透视相对应，是绘画中的专业术语。无论散点透视还是焦点透视，都是画家的绘画技巧，为了在二维的画布上呈现三维的效果。西方油画中常见的是焦点透视手法，画家观察位置不动，让观众感觉置身于舞台中央，最后视线集中消失于一点，例如拉斐尔的《雅典学院》。

散点透视是中国流传千年的绘画技巧，观众很难找到画家的观察位置，整个画面似乎有很多视角，每个视角又在局部构成透视关系，这是一种更为灵活的表现手法，构造出画家心目中的时空境界，形成每幅画的独特审美。该技巧在《清明上河图》《富春山居图》中比比皆是。

在本章，将借鉴散点透视和焦点透视的手法，带着读者们在科创板的巨幅“画卷”里，细细品味一些经典的局部“场景”。

监管要点梳理

科创板、注册制是中国资本市场的新生事物，对它们的了解，大家都处在同一起跑线。关于科创板的监管，中国证监会和上交所发布了非常多的文件。这些文件信息量大，创新点多，可以说引发了资本市场的革命。此外，这一系列文件体现了既要创新，又要维持市场稳定；既要根据科创企业特点给予特殊政策扶持，又要兼顾市场公平和约束的内涵，政策制定者可谓用心良苦。

本书从这部分开始，从繁杂的监管条文[①]中梳理出科创板的8

① 参考法规如下：《关于在上海证券交易所设立科创板并试点注册制的实施意见》《科创板首次公开发行股票注册管理办法（试行）》《科创板上市公司持续监管办法（试行）》《上海证券交易所科创板股票发行上市审核规则》《上海证券交易所科创板股票上市委员会管理办法》《上海证券交易所科技创新咨询委员会工作规则》《上海证券交易所科创板股票发行与承销实施办法》《上海证券交易所科创板股票上市规则》《上海证券交易所科创板股票交易特别规定》《上海证券交易所科创板股票发行与承销业务指引》。

个监管要点，即处罚、上市条件、发行审核流程、发行承销规定、交易规则、限售减持、特别表决权和退市。我们不可能也没必要将科创板上百条法规列入书中，这 8 个要点对读者们理解科创板法规，起到了提纲挈领的作用。

之所以把处罚放到第一部分，是因为笔者觉得它太重要了，十分期待科创板会引领整个资本市场的制度性改革，也期待中国能够诞生自己的纳斯达克与大批科技明星企业。

要点一：加大虚假上市的处罚和退市力度

重大突破点

1. 对欺诈发行上市的，可以责令上市公司及其控股股东、实际控制人按规定购回已上市的股份。我们相信，这条法规的震慑力是很强的，回购义务是债务，可以让造假上市的公司和控股股东瞬间破产。

2. 更多的退市标准，更短的退市流程，更高的退市效率，减少资本市场有效资源的浪费。（此条内容较多，在本节“要点八”中会详细列示。）

要点二：发行上市的基本条件

重大突破点

1. 对拟上市企业放宽盈利要求；

2. 放松拟上市企业的同股同权要求，但其上市标准更高；

3. 允许红筹结构的企业上市，但其上市标准更高；

4. 允许上市公司分拆，甚至子公司上市；

5. “三类股东”[①] 或有放松；

6. “关联交易”“同业竞争”提法似有放松，有待后续观察。

相关规定

1. 行业标准：窄门框。科创板虽然降低了盈利要求，但是对行业属性的要求很高。科创板需重点推荐：

……符合国家战略、突破关键核心技术、市场认可度高的科技创新企业。重点支持新一代信息技术、高端装备、新材料、新能源、节能环保以及生物医药等高新技术产业和战略性新兴产业，推动互联网、大数据、云计算、人工智能和制造业深度融合，引领中高端消费，推动质量变革、效率变革、动力变革。

优先支持符合国家战略，拥有关键核心技术，科技创新能力突出，主要依靠核心技术开展生产经营，具有稳定的商业模式，市场认可度高，社会形象良好，具有较强成长性的企业。

2. 股份公司成立并运营 3 年，有限责任公司按照净资产折股变更为有限责任公司的，可以连续计算；实际控制人两年没有发生变动，主营业务、管理团队（“董监高”）与核心技术人员两

① “三类股东”是指契约型私募基金、资产管理计划（主要指基金子公司和券商资管计划）和信托计划，三类股东企业是指直接或间接投资人中含有三类股东的企业。在 IPO 核查过程中，含有三类股东的拟上市企业往往备受困扰。三类股东跟一般股东存在差异，其因为代持、核查和税收等方面的问题而难以符合核准制下 IPO 的审核要求。不过该问题目前已经得到解决，2019 年 3 月 25 日，证监会发布《首发业务若干问题解答》，不再强调三类股东需要“穿透式”披露。

年内没有发生重大变动。

3.资产完整，人员、业务、机构、财务独立，减少同业竞争和关联交易，会计基础工作规范，内控健全有效，合法合规；

重大资产、核心技术、品牌不存在重大权属纠纷，无重大负债、担保、诉讼、仲裁等事项，公司有持续经营能力。

以上两条与目前创业板实行的基础标准非常相似，业内人士非常熟悉，不展开讨论。

4.普通公司5套硬标准：

（一）预计市值不低于人民币10亿元，最近两年净利润均为正且累计净利润不低于人民币5000万元，或者预计市值不低于人民币10亿元，最近一年净利润为正且营业收入不低于人民币1亿元；

（二）预计市值不低于人民币15亿元，最近一年营业收入不低于人民币2亿元，且最近三年研发投入合计占最近三年营业收入的比例不低于15%；

（三）预计市值不低于人民币20亿元，最近一年营业收入不低于人民币3亿元，且最近三年经营活动产生的现金流量净额累计不低于人民币1亿元；

（四）预计市值不低于人民币30亿元，且最近一年营业收入不低于人民币3亿元；

（五）预计市值不低于人民币40亿元，主要业务或产品需经国家有关部门批准，市场空间大，目前已取得阶段性成果。医药行业企业需至少有一项核心产品获准开展二期临床试验，其他符合科创板定位的企业需具备明显的技术优势并满足相应条件。

前款所称净利润以扣除非经常性损益前后的孰低者为准，所称净利润、营业收入、经营活动产生的现金流量净额均指经审计的数值。

【延伸阅读】

审核发行和上市时是预计市值规模，这条如何理解？

1. 预计市值规模指的是按照预计发行价格乘以预计发行后总股本的总市值；

2. 在询价结束并确定发行价格后，发行后总市值不符合市值标准的，发行工作要中止。

综合来看，科创板的上市门槛对于一般类型的企业是特别高的，也基本不适合小型创业型公司上市。所以笔者的观点一直是，科创板是“科技大大板”。

5. 拥有特殊表决权公司的两套追加标准：

拥有表决权差异安排的公司，应当稳定运行至少一个完整会计年度，且市值及财务指标符合下列标准之一：

（一）预计市值不低于人民币 100 亿元；

（二）预计市值不低于人民币 50 亿元，且最近一年营业收入不低于人民币 5 亿元。

6. 红筹企业上市的两套追加标准（根据证监会《关于开展创新企业境内发行股票或存托凭证试点的若干意见》）：

（1）行业。

试点企业应当是符合国家战略、掌握核心技术、市场认可度高，属于互联网、大数据、云计算、人工智能、软件和集成电路、高端装备制造、生物医药等高新技术产业和战略性新兴产业，且达到相当规模的创新企业。

（2）规模门槛。

① 已在境外上市的大型红筹企业，市值不低于 2000 亿元人民币；

② 尚未在境外上市的创新企业（包括红筹企业和境内注册企业），最近一年营业收入不低于 30 亿元人民币且估值不低于 200 亿元人民币，或者营业收入快速增长，拥有自主研发、国际领先技术，同行业竞争中处于相对优势地位。

（3）最新细化。

此外，据媒体报道，2019 年 3 月 18 日，由中国证券业协会和上海证券交易所主办的“2019 年证券公司保荐代表人系列培训班（科创板专题）”在上海先行召开第一期。在该培训班上，监管部门已将红筹企业上市标准放宽细化到 4 套可用。

① 已在境外上市的大型红筹企业，只要市值不低于 2000 亿元，没有其他要求。

② 尚未在境外上市的红筹企业，有 3 套标准：

其一，估值不低于 200 亿元，要求最近一年营业收入不低于 30 亿元。

其二，预计市值不低于 100 亿元，须营业收入快速增长，拥有自主研发、国际领先技术，在同行业竞争中处于相对优势地位。

其三，预计市值不低于 50 亿元，除上述“营业收入快速增长，拥有自主研发、国际领先技术，同行业竞争中处于相对优势地位”的要求外，还须满足最近一年营业收入不低于 5 亿元的要求。

7. 在科创板上市时，对发行人股份数量和比例的基本要求（与现行标准一致）：

（二）发行后股本总额不低于人民币 3000 万元；

（三）公开发行的股份达到公司股份总数的 25% 以上；公司股本总额超过人民币 4 亿元的，公开发行股份的比例为 10% 以上；

……

8. 在此处特别列示一般维持上市标准，便于大家对照。

上市公司出现下列情形之一的，本所决定终止其股票上市：

（一）通过本所交易系统连续 120 个交易日实现的累计股票成交量低于 200 万股；

（二）连续 20 个交易日股票收盘价低于股票面值；

（三）连续 20 个交易日股票市值低于 3 亿元；

（四）连续 20 个交易日股东数量低于 400 人；

（五）本所认定的其他情形。

前款规定的交易日，不包含公司股票停牌日和公司首次公开发行股票上市之日起的 20 个交易日。

9. 其他。特别表决权股份不得在二级市场进行交易，但可以按照有关规定进行转让。

要点三：发行的一般申请和审核流程

这部分内容主要适合投行的专业人士，普通读者仅做一般了解即可。

重大突破点

1. 审核主体改变，由上交所主导；

2. 审核重点改变；

3. 审核程序规范透明。

相关规定

1. 权限划分及机构设置。

中国证监会负责科创板股票的发行注册工作，并对上交所的审核工作进行监督。

上交所负责科创板发行与上市的审核工作。

上交所设立独立的审核部门，负责审核发行人的发行和上市审核工作，其功能类似目前中国证监会的发行审核部门。

上交所设立科创板股票上市委员会，对发行上市审核机构出具的审核报告和发行上市申请文件进行审议，并提出审议意见。功能类似目前中国证监会的发审委或重组委。

上交所同时设立科技创新咨询委员会，为发行审核提供专业咨询和政策建议，必要时也可对申请的企业进行询问。

2. 发行审核的一般程序及时间。

（1）受理 IPO 材料。

（2）问询及回复。

第三十九条　对股票首次发行上市申请，本所发行上市审核机构自受理之日起二十个工作日内，通过保荐人向发行人提出首轮审核问询。

在首轮审核问询发出前，发行人及其保荐人、证券服务机构及其相关人员不得与审核人员接触，不得以任何形式干扰审核工作。

第四十条　在首轮审核问询发出后，发行人及其保荐人对本所审核问询存在疑问的，可以通过本所发行上市审核业务系统进行沟通；确需当面沟通的，可以通过本所发行上市审核业务系统预约。

第四十一条　首轮审核问询后，存在下列情形之一的，本所发行上市审核机构收到发行人回复后十个工作日内可以继续提出审核问询：

（一）首轮审核问询后，发现新的需要问询事项；

（二）发行人及其保荐人、证券服务机构的回复未能有针对性地回答本所发行上市审核机构提出的审核问询，或者本所就其回复需要继续审核问询；

（三）发行人的信息披露仍未满足中国证监会和本所规定的要求；

（四）本所认为需要继续审核问询的其他情形。

第四十二条　发行人及其保荐人、证券服务机构应当按照本所发行上市审核机构审核问询要求进行必要的补充调查和核查，及时、逐项回复本所发行上市审核机构提出的审核问询，相应补充或者修改发行上市申请文件，并于上市委员会审议会议结束后十个工作日内汇总补充报送与审核问询回复相关的保荐工作底稿和更新后的验证版招股说明书。

发行人及其保荐人、证券服务机构对本所发行上市审核机构审核问询的回复是发行上市申请文件的组成部分，发行人及其保荐人、证券服务机构应当保证回复的真实、准确、完整，并在回复后及时在本所网站披露问询和回复的内容。

3. 现场检查。

第四十六条　本所依照相关规定，从发行上市申请已被本所受理的发行人中抽取一定比例，对其信息披露质量进行现场检查。

本所在发行上市审核中，发现发行上市申请文件存在重大疑问且发行人及其保荐人、证券服务机构回复中无法作出合理解释的，可以对发行人及其保荐人、证券服务机构进行现场检查。

4. 审核报告。

第四十七条　本所发行上市审核机构收到发行人及其保荐人、证券服务机构对本所审核问询的回复后，认为不需要进一步审核问询的，将出具审核报告并提交上市委员会审议。

第四十八条　申请股票首次发行上市的，本所自受理发行上市申请文件之日起三个月内出具同意发行上市的审核意见或者作出终止发行上市审核的决定，但发行人及其保荐人、证券服务机构回复本所审核问询的时间不计算在内。发行人及其保荐人、证券服务机构回复本所审核问询的时间总计不超过三个月。

本规则规定的中止审核、请示有权机关、落实上市委员会意见、实施现场检查等情形，不计算在前款规定的时限内。

所以，理论上，通常情形下的审核时间最长为6个月。

5. 审议。

第五十条　上市委员会召开审议会议，对本所发行上市审核机构出具的审核报告及发行上市申请文件进行审议。

每次审议会议由五名委员参加，其中会计、法律专家至少各一名。

……

第五十二条　上市委员会审议时，参会委员就审核报告的内容和发行上市审核机构提出的初步审核意见发表意见，通过合议形成同意或者不同意发行上市的审议意见。

6. 注册审核。

第五十四条　本所审核通过的，向中国证监会报送同意发行上市的审核意见、相关审核资料和发行人的发行上市申请文件。

中国证监会要求本所进一步问询的，本所向发行人及保荐人、证券服务机构提出反馈问题。

中国证监会在注册程序中，决定退回本所补充审核的，本所发行上市审核机构对要求补充审核的事项重新审核，并提交上市委员会审议。本所审核通过的，重新向中国证监会报送审核意见及相关资料；审核不通过的，作出终止发行上市审核的决定。

7. 再次申请限制。

第七十八条　保荐人报送的发行上市申请在一年内累计两次被本所不予受理的，自第二次收到本所相关文件之日起三个月后，方可向本所报送新的发行上市申请。

本所审核不通过作出终止发行上市审核的决定或者中国证监会作出不予注册决定的，自决定作出之日起六个月后，发行人方可再次向本所提交发行上市申请。

要点四：发行与承销的一般约定

重大突破点

1. 发行价格、节奏交由市场决定。

2. 强化中介机构责任，试行保荐人相关子公司“跟投”制度。

3. 网下向机构投资者倾斜，向战略投资者和员工、高管倾斜。

4. 机构投资者可以针对不同的产品用不同的账户报出 3 个询

价价格。

5. 发行方案中可采用“绿鞋”机制。

相关规定

1. 发行人通过证监会注册，披露招股意向书。

第二十五条　获中国证监会同意注册后，发行人与主承销商应当及时向本所报备发行与承销方案。本所5个工作日内无异议的，发行人与主承销商可依法刊登招股意向书，启动发行工作。

……

第四十三条　招股说明书的有效期为6个月，自公开发行前最后一次签署之日起计算。

招股说明书引用经审计的财务报表在其最近一期截止日后6个月内有效，特殊情况下发行人可申请适当延长，但至多不超过1个月。财务报表应当以年度末、半年度末或者季度末为截止日。

2. 市场化询价、定价。

第四条　首次公开发行股票应当向证券公司、基金管理公司、信托公司、财务公司、保险公司、合格境外机构投资者和私募基金管理人等专业机构投资者（以下统称网下投资者）以询价的方式确定股票发行价格。网下投资者应当向中国证券业协会注册，接受中国证券业协会自律管理。

发行人和主承销商可以根据本所和中国证券业协会相关自律规则的规定，在前款所指的网下投资者范围内设置其 他条件，并在发行公告中预先披露。

3. 特别重要的一点，询价时发行人和保荐机构就要对IPO新股开展市场化营销。股票发行价格确定后，发行人预计发行后总市值不满足其在招股说明书中明确选择的市值与财务指标上市标准的，应当中止发行。

中止发行后，在中国证监会同意注册决定的有效期内，且满足会后事项监管要求的前提下，经向上交所备案，可重新启动发行。

4. 网下发行比例及回拨。

第十二条　在科创板首次公开发行股票，网下发行比例应当遵守以下规定：

（一）公开发行后总股本不超过 4 亿股的，网下初始发行比例不低于本次公开发行股票数量的 70%。

（二）公开发行后总股本超过 4 亿股或者发行人尚未盈利的，网下初始发行比例不低于本次公开发行股票数量的 80%。

（三）应当安排不低于本次网下发行股票数量的 50% 优先向公募产品（包括为满足不符合科创板投资者适当性要求的投资者投资需求而设立的公募产品）、社保基金、养老金、根据《企业年金基金管理办法》设立的企业年金基金（以下简称企业年金基金）和符合《保险资金运用管理办法》等相关规定的保险资金（以下简称保险资金）配售。

（四）公募产品、社保基金、养老金、企业年金基金和保险资金有效申购不足安排数量的，发行人和主承销商可以向其他符合条件的网下投资者配售剩余部分。

（五）对网下投资者进行分类配售的，同类投资者获得配售的比例应当相同。公募产品、社保基金、养老金、企业年金基金和保险资金的配售比例应当不低于其他投资者。

（六）安排向战略投资者配售股票的，应当扣除向战略投资者配售部分后确定网下网上发行比例。

第十三条　首次公开发行股票网下投资者申购数量低于网下初始发行量的，发行人和主承销商应当中止发行，不得将网下发行部分向网上回拨。网上投资者申购数量不足网上初始发行量的，可以回拨给网下投资者。

首次公开发行股票，网上投资者有效申购倍数超过 50 倍且不超过 100 倍的，应当从网下向网上回拨，回拨比例为本次公开发行股票数量的 5%；网上投资者有效申购倍数超过 100 倍的，回拨比例为本次公开发行股票数量的 10%，回拨后无限售期的网下发行数量原则上不超过本次公开发行股票数量的 80%。

前款所指公开发行股票数量应当按照扣除设定限售期的股票数量计算。

2019 年 6 月 8 日，上交所科创板股票公开发行自律委员会（以下简称“自律委”）召开了 2019 年度第三次工作会议，提出了促进科创板初期企业平稳发行的行业倡导建议（以下简称“行业倡导建议”）。

该建议针对科创板网下发行工作进一步提出了 3 点具体要求：

1. 参与网下申购的投资者有了市值门槛要求，具体为“建议除科创主题封闭运作基金与封闭运作战略配售基金外，其他网下投资者及其管理的配售对象账户持有市值门槛不低于 6000 万元”；

2. 六类中长线投资机构获配新股比例增加，具体为“安排不低于网下发行股票数量的 70% 优先向公募产品、社保基金、养老金、企业年金基金、保险资金和合格境外机构投资者资金等六类中长线资金对象配售”；

3. 新增了特定对象的锁定期要求，具体为“建议通过摇号抽签方式抽取六类中长线资金对象中 10% 的账户，中签账户的管理人承诺中签账户获配股份锁定，持有期限为自发行人股票上市之日起 6 个月”。

当然，该行业倡议是一个动态评估、不断调整的过程。上交所对此表示尊重与支持，并呼吁科创板拟上市企业及其保荐机构、承销机构和其他相关各方，在科创板开板初期共同遵守上述行业倡导建议，积极营造良好市场生态，维护科创板市场的健康稳定发展。

5. 网上市值配售。

第十四条　根据投资者持有的市值确定其网上可申购额度，符合科创板投资者适当性条件且持有市值达到 10000 元以上的投资者方可参与网上申购。每 5000 元市值可申购一个申购单位，不足 5000 元的部分不计入申购额度。

每一个新股申购单位为 500 股，申购数量应当为 500 股或其整数倍，但最高申购数量不得超过当次网上初始发行数量的千分之一，且不得超过 9999.95 万股，如超过则该笔申购无效。

投资者持有市值的计算，按照本所有关规定执行。

每中签一个号可认购 500 股，这点与中小板、创业板要求一致。

6. 战略投资者配售。

第十六条　首次公开发行股票可以向战略投资者配售。

首次公开发行股票数量在 1 亿股以上的，战略投资者获 得配售的股票总量原则上不得超过本次公开发行股票数量的 30%，超过的应当在发行方案中充分说明理由。

首次公开发行股票数量不足 1 亿股的，战略投资者获得配售的股票总量不得超过本次公开发行股票数量的 20%。

需要注意的是，上交所科创板自律委的行业倡导建议提出，首次公开发行股票数量低于 8000 万股且预计募集资金总额不足 15 亿元的企业，战略配售仅限于保荐机构相关子公司跟投或高级管理人员、核心员工通过专项资产管理计划参与，除此之外，不安排其他类型的战略配售。

战略投资者不参与网下询价，被动接受定价，且应当承诺获得本次配售的股票持有期限不少于 12 个月，持有期自本次公开发行的股票上市之日起计算。

保荐机构、高管员工设立的专项资管计划均可参与战略配售，专项资产管理计划获配的股票数量不得超过首次公开发行股票数量的 10%。

7. “绿鞋”机制。

需要注意的是，上交所科创板自律委的行业倡导建议提出，首次公开发行股票数量低于 8000 万股且预计募集资金总额不足 15 亿元的企业，不采用超额配售选择权。

要点五：交易规则的典型约定

本部分将着重列示科创板与目前 A 股市场其他板块的交易规则不太一致的地方。

1. 投资者壁垒：2 年、50 万元。

第四条　个人投资者参与科创板股票交易，应当符合下列条件：

（一）申请权限开通前 20 个交易日证券账户及资金账户内的资产日均不低于人民币 50 万元（不包括该投资者通过融资融券融入的资金和证券）；

（二）参与证券交易 24 个月以上；

（三）本所规定的其他条件。

机构投资者参与科创板股票交易，应当符合法律法规及本所业务规则的规定。

本所可根据市场情况对上述条件作出调整。

2. 交易。

（1）采用“T+1”交收方式，没有当日回转交易；暂无做市交易，主要为竞价交易、盘后大宗交易，新增盘后固定价格交易。

第十条　投资者通过以下方式参与科创板股票交易：

（一）竞价交易；

（二）盘后固定价格交易；

（三）大宗交易。

盘后固定价格交易，指在收盘集合竞价结束后，本所交易系统按照时间优先顺序对收盘定价申报进行撮合，并以当日收盘价成交的交易方式。盘后固定价格交易的具体事宜由本所另行规定。

（2）上交所可以依据股价高低，实施不同的申报价格最小变动单位，也就是说，现在施行的以 1 分钱为申报交割变动单位（股票）的方式会被突破，新的变动单位可能是 1 厘钱，也可能是 1 元钱，主要看股票价格情况。

（3）普通股票最低交易数量从之前的 100 股提高到 200 股。

（4）单笔交易的申报数量上限下降到每单 10 万股（限价）、5 万股（市价）。

3. 涨跌幅：20%、新股上市前 5 日不设涨跌幅。

（1）科创板股票竞价交易实行价格涨跌幅限制，涨跌幅比例为 20%。

（2）科创板股票涨跌幅价格的计算公式为：涨跌幅价格 = 前收盘价 ×（1 ± 涨跌幅比例）。

（3）首次公开发行上市、增发上市的股票，上市后的前 5 个交易日不设价格涨跌幅限制。

4. 科创板股票自上市首日起可作为融资融券标的。

要点六：限售与减持

上交所在 2019 年 4 月第一次修订的《上海证券交易所科创板股票上市规则》中，详细规定了科创板上市公司股份的限售与减持，但“转让的方式、程序、价格、比例以及后续转让等事项，以及上市公司非公开发行股份涉及的减持由本所另行规定，报中国证监会批准后实施”。截至本书出版时，由于后续规定尚未出台，本部分仅为读者梳理现行规定的相关要点。

1. 控股股东、实际控制人。

2.4.3　公司上市时未盈利的，在公司实现盈利前，控股股东、实际控制人自公司股票上市之日起 3 个完整会计年度内，不得减持首发前股份；自公司股票上市之日起第 4 个会计年度和第 5 个会计年度内，每年减持的首发前股份不得超过公司股份总数的 2%，并应当符合《减持细则》关于减持股份的相关规定。

……

公司实现盈利后，前两款规定的股东可以自当年年度报告披露后次日起减持首发前股份，但应当遵守本节其他规定。

2.4.4 上市公司控股股东、实际控制人减持本公司首发前股份的，应当遵守下列规定：

（一）自公司股票上市之日起36个月内，不得转让或者委托他人管理其直接和间接持有的首发前股份，也不得提议由上市公司回购该部分股份；

（二）法律法规、本规则以及本所业务规则对控股股东、实际控制人股份转让的其他规定。

发行人向本所申请其股票首次公开发行并上市时，控股股东、实际控制人应当承诺遵守前款规定。

转让双方存在控制关系或者受同一实际控制人控制的，自发行人股票上市之日起12个月后，可豁免遵守本条第一款规定。

……

2.4.6 上市公司控股股东、实际控制人在限售期满后减持首发前股份的，应当明确并披露公司的控制权安排，保证上市公司持续稳定经营。

……

2.4.8 上市公司控股股东、实际控制人减持股份，依照《减持细则》披露减持计划的，还应当在减持计划中披露上市公司是否存在重大负面事项、重大风险、控股股东或者实际控制人认为应当说明的事项，以及本所要求披露的其他内容。

2.4.9 上市公司股东所持股份应当与其一致行动人所持股份合并计算。一致行动人的认定适用《上市公司收购管理办法》的规定。

上市公司第一大股东应当参照适用本节关于控股股东的规定。

2. 董事、监事、高级管理人员。

2.4.3

……

公司上市时未盈利的，在公司实现盈利前，董事、监事、高级管理人员……自公司股票上市之日起3个完整会计年度内，不得减持首发前股份；在前述期间内离职的，应当继续遵守本款规定。

公司实现盈利后，前两款规定的股东可以自当年年度报告披露后次日起减持首发前股份，但应当遵守本节其他规定。

3. 核心技术人员。

2.4.3

……

公司上市时未盈利的……核心技术人员自公司股票上市之日起3个完整会计年度内，不得减持首发前股份；在前述期间内离职的，应当继续遵守本款规定。

公司实现盈利后，前两款规定的股东可以自当年年度报告披露后次日起减持首发前股份，但应当遵守本节其他规定。

……

2.4.5　上市公司核心技术人员减持本公司首发前股份的，应当遵守下列规定：

（一）自公司股票上市之日起12个月内和离职后6个月内不得转让本公司首发前股份；

（二）自所持首发前股份限售期满之日起4年内，每年转让的首发前股份不得超过上市时所持公司首发前股份总数的 25%，减持比例可以累积使用；

（三）法律法规、本规则以及本所业务规则对核心技术人员股份转让的其他规定。

4. 保荐机构子公司。

第十九条　参与配售的保荐机构相关子公司应当承诺获得本次配售的股票持有期限为自发行人首次公开发行并上市之日起 24 个月。

限售期届满后，参与配售的保荐机构相关子公司对获配股份的减持适用中国证监会和本所关于股份减持的有关规定。

5. 不得减持的情形。

2.4.7　上市公司存在本规则第十二章第二节规定的重大违法情形，触及退市标准的，自相关行政处罚决定或者司法裁判作出之日起至公司股票终止上市前，控股股东、实际控制人、董事、监事、高级管理人员不得减持公司股份。

要点七：特别表决权（AB 股）

本章节是资本市场新生事物，简单总结如下：

1. 特别表决权条款必须在上市前设置，并且至少运行一个会计年度，上市后不允许再进行追加设置，但是表决比例和数量可以通过股东会表决进行调整；除公司章程规定的表决权差异外，普通股份与特别表决权股份具有的其他股东权利应当完全相同；特别表决权股东持股须在 10% 以上。

2. 特别表决的权力有局限。

4.5.10 上市公司股东对下列事项行使表决权时，每一特别表决权股份享有的表决权数量应当与每一普通股份的表决权数量相同：

（一）对公司章程作出修改；

（二）改变特别表决权股份享有的表决权数量；

（三）聘请或者解聘独立董事；

（四）聘请或者解聘为上市公司定期报告出具审计意见的会计师事务所；

（五）公司合并、分立、解散或者变更公司形式。

上市公司章程应当规定，股东大会对前款第二项作出决议，应当经过不低于出席会议的股东所持表决权的三分之二以上通过，但根据第 4.5.6 条、第 4.5.9 条的规定，将相应数量特别表决权股份转换为普通股份的除外。

3. 拥有特别表决权的公司上市门槛更高。发行人的市值及财务指标需符合下列标准之一：

（一）预计市值不低于人民币 100 亿元；

（二）预计市值不低于人民币 50 亿元，且最近一年营业收入不低于人民币 5 亿元。

4. 拥有特别表决权力的股票不得增发（同比例配股、转增股本情形除外）、不得在二级市场交易，但可以转换为普通股。

5. 上市公司因股份回购等原因，可能导致特别表决权比例提高时，应当采取将相应数量特别表决权股份转换为普通股份等措施，保证特别表决权比例不高于原有水平。

6. 上市公司章程应当规定每份特别表决权股份的表决权数

量。每份特别表决权股份的表决权数量应当相同，且不得超过每份普通股份的表决权数量的 10 倍。

7. 上市公司应当保证普通表决权比例不得低于 10%；有权提议召开临时股东大会的股东所需拥有权益的股份数量不得超过公司全部已发行有表决权股份数量的 10%；有权提出股东大会议案的股东所需拥有权益的股份数量不得超过公司全部已发行有表决权股份数量的 3%。

8. 特别表决权股份的特殊权力不能承继。

4.5.9 出现下列情形之一的，特别表决权股份应当按照 1 ∶ 1 的比例转换为普通股份：

（一）持有特别表决权股份的股东不再符合本规则第 4.5.3 条规定的资格和最低持股要求，或者丧失相应履职能力、离任、死亡；

（二）实际持有特别表决权股份的股东失去对相关持股主体的实际控制；

（三）持有特别表决权股份的股东向他人转让所持有的特别表决权股份，或者将特别表决权股份的表决权委托他人行使；

（四）公司的控制权发生变更。

发生前款第四项情形的，上市公司已发行的全部特别表决权股份均应当转换为普通股份。

发生本条第一款情形的，特别表决权股份自相关情形发生时即转换为普通股份，相关股东应当立即通知上市公司，上市公司应当及时披露具体情形、发生时间、转换为普通股份的特别表决权股份数量、剩余特别表决权股份数量等情况。

要点八：退市

退市制度作为注册制改革的重要举措，上交所的上市规则里面做了大量约定，总的来说，一是增加了更丰富的退市触发情形，二是退市程序更短、效率更高，通过优胜劣汰的方式保证上市公司整体质量。

1. 与 A 股其他板块市场不同，科创板上市公司股票被终止上市的，不得申请重新上市。

2. 退市触发有重大违法强制退市、交易类强制退市、财务类强制退市、规范类强制退市、主动退市 5 种情形。

3. 重大违法强制退市包括重大信息披露违法（主要涉及以弄虚作假达到上市或维持上市目的），重大公共安全违法，相信投资者在主板、创业板中的某些公司身上已经见过类似情况。

4. 交易类强制退市的触发情形：

12.3.1　上市公司出现下列情形之一的，本所决定终止其股票上市：

（一）通过本所交易系统连续 120 个交易日实现的累计股票成交量低于 200 万股；

（二）连续 20 个交易日股票收盘价均低于股票面值；

（三）连续 20 个交易日股票市值均低于 3 亿元；

（四）连续 20 个交易日股东数量均低于 400 人；

（五）本所认定的其他情形。

前款规定的交易日，不包含公司股票停牌日和公司首次公开发行股票上市之日起的 20 个交易日。

证券市场出现重大异常波动等情形的，本所可以根据实际情况调整本条第一款规定的交易指标。

5. 财务类强制退市的情形也有些复杂。

12.4.1　上市公司出现下列情形之一，明显丧失持续经营能力，达到本规则规定标准的，本所将对其股票启动退市程序：

（一）主营业务大部分停滞或者规模极低；

（二）经营资产大幅减少导致无法维持日常经营；

（三）营业收入或者利润主要来源于不具备商业实质的关联交易；

（四）营业收入或者利润主要来源于与主营业务无关的贸易业务；

其他明显丧失持续经营能力的情形。

与实施退市风险警示的财务指标有关的内容有：

12.4.2　上市公司出现下列情形之一的，本所对其股票实施退市风险警示：

（一）最近一个会计年度经审计的扣除非经常性损益之前或者之后的净利润（含被追溯重述）为负值，且最近一个会计年度经审计的营业收入（含被追溯重述）低于 1 亿元；

（二）最近一个会计年度经审计的净资产（含被追溯重述）为负值；

（三）本所认定的其他情形。

上市公司营业收入主要来源于与主营业务无关的贸易业务或者不具备商业实质的关联交易，公司明显丧失持续经营能力的，本所可以提交上市委员会认定在计算前款规定的营业收入指标时是否扣除前述收入，并通知上市公司。

根据本规则第 2.1.2 条第五项市值及财务指标上市的公司（以

下简称研发型上市公司）自上市之日起第 4 个完整会计年度起适用本条规定。

本所可以根据实际情况调整本条第一款规定的退市指标。

12.4.3　研发型上市公司主要业务、产品或者所依赖的基础技术研发失败或者被禁止使用，且公司无其他业务或者产品符合本规则第 2.1.2 条第五项规定要求的，本所将对其股票实施退市风险警示。

6. 规范类强制退市。

12.5.1　上市公司出现下列情形之一的，本所对其股票实施退市风险警示：

（一）因财务会计报告存在重大会计差错或者虚假记载，被中国证监会责令改正但公司未在规定期限内改正，此后公司在股票停牌 2 个月内仍未改正；

（二）未在法定期限内披露年度报告或者半年度报告，此后公司在股票停牌 2 个月内仍未披露；

（三）因信息披露或者规范运作等方面存在重大缺陷，被本所责令改正但公司未在规定期限内改正，此后公司在股票停牌 2 个月内仍未改正；

（四）因公司股本总额或股权分布发生变化，导致连续 20 个交易日不再具备上市条件，此后公司在股票停牌 1 个月内仍未解决；

（五）最近一个会计年度的财务会计报告被会计师事务所出具无法表示意见或者否定意见的审计报告；

（六）公司可能被依法强制解散；

（七）法院依法受理公司重整、和解和破产清算申请；

（八）本所认定的其他情形。

前款规定的第三项情形，由本所提请上市委员会审议，并根据上市委员会的审核意见作出认定。

7. 在警示期间，公司撤销了触发退市警示情节的，可以恢复正常交易，最终被做出终止上市决定的，进入退市整理期，整理期 30 个交易日。退市后，公司股票可以进入类似三板等股权交易场所继续交易，并应保证公司股票在摘牌之日起 45 个交易日内可以挂牌转让。

以上关于科创板规则的“散点透视”结束，下面将对科创板规则的一些创新点进行“焦点透视”。

科创板的“两委”委员

2019 年 3 月 21 日，上交所第一届科创板股票上市委员会和科技创新咨询委员会候选人名单公示，引起了投资者的争议。

有争议不稀奇

综合来看，上市委员会候选人以法律、会计等专业人士为主，咨询委员候选人以生物医药、信息技术等为代表的科学家居多，再配比投资机构、监管机构等各方面人士。争议的焦点是上市委员会也应该突出委员的科技身份，否则注册制就变成了以规范制审核为特点的核准制。

其实，作为万众瞩目的资本市场改革，无论第一届委员名单如何设置，都会引发争议，这一点都不稀奇。

仔细分析后，笔者倒是觉得，候选人名单还是基本反映了科创板的定位和注册制的意图，是比较合适的。

两委分权

笔者一直以来有个观点，即科创板是中国资本市场的增量改革，是一场“生产关系”的改革。相比核准制下的发审委“一委独大”现象，注册制采取的是分权结构。

上市委员会只对企业上市承担部分责任，一个公司能否上市，是由咨询委、上市委、中介机构、投资机构和中国证监会公共选择的结果。各个层级各具特点，各负其责，每个环节都不是决定企业能否上市的“充要条件”，仅是必要条件。

具体来讲，科创板在“三个面向”引领下的定位很清晰，即更多地服务于科技创新，这是基本点。

但是，哪些技术属于前沿技术范畴，哪些公司正好在这个范畴，上述情况需由咨询委员会判断。属于上述范围的企业，就可以申报科创板；不属于的，就不能申报科创板。

咨询委员会只负责要点范围，当然也会在是否伪科学方面发表意见，但是申报企业最终能否取得理想的研发成果，研发成果能否顺畅地导入市场，导入市场后能否取得良好的经济效益，这些问题咨询委员会不负责。这非常符合科学家的做事风格，这是咨询委员会成员中科学家居多的原因。

至于上市委员会，是要在前端审核部门审核的基础上，对照科创板的披露要求、规范要求，审核公司是否符合上市条件。

众所周知，全球为上市公司 IPO 服务的中介机构都是由投行、会计师、律师团队组成，所以这个委员会成员更多选自法律、会计等相关人士，再配比投资和监管部门人士，自然没有什么不妥。否则，让科学家来读懂会计和法律条款，是勉为其难，也不会有好的结果。

同理，上市委员会也围绕公司的规范运作、信息披露、是否符合上市条件来发表意见，并不对公司质地的好坏加以判断（但是如果发现公司有财务欺诈等行为，上市委员会是要给出明确判断的），不对公司发行市值是否达标和能否发行成功负责。

货币投票权

即便上市委审核通过，并在中国证监会注册成功，公司能否顺利上市依然有不确定性。

发行市值是否能够符合申报的最低市值标准，这个问题是由投资机构以询价、战略配售等方式用货币来投票解决的。

在这个过程中，各家投资机构的研究人员、投资人员就是上市委员，他们不仅要对企业的“靶点”和规范性做一般性判断，还要对其研发能否成功、技术是否领先、技术导入市场后的经济价值、未来企业的重大风险等方面做实质性判断。

在判断过程中，投资机构采用的机制既不是几人几票的通过制，也不是由主席主导的合议制，而是货真价实的用钱定价的埋单制。

最后，企业即便上市成功，能否留在资本市场，并长久利用资本市场促进企业发展，同样市场会给出答案，这里不再赘述。

注册制更严格

在分权制情况下，发行人、中介机构其实是面对了更多问题的委员，公司要同时以翔实的资料，合适的披露方式来征服不同行业、不同眼光的委员，担子比单纯应对两位预审员、7 位发审委员的核准制当然要重得多。

还有一点要说明的是，大家对上市委员会名单的疑虑在于这样的结构能否担当注册制重任，是否会回到核准制的老路？

根据与核准制下发审委员组成结构的对比，我们发现上市委员会委员多数为兼职。由于非专职委员的精力有限，因此，这些委员其实更适合按照一些硬性指标进行判断，例如，是否明确地按要求披露，是否符合上市条件。这些硬性指标与委员是否兼职的关系并不大，从这点来看，上市委员的构成更适合注册制而非核准制。

与其关注委员名单，还不如从审核部门的问题中找答案，科创板的审核过程是电子化和充分透明的。审核人员在提问时，是关注信息披露是否充分，还是在判断公司质地的好坏，这个更重要。

为何“2 年、50 万元”？

科创板的个人投资者准入壁垒，简单总结就是“2 年、50 万元”。相关规定投资者可参见本章“要点五：交易规则的典型约定”。

可能有些投资者会觉得无法理解，纳斯达克是没有投资者准入壁垒的，为什么科创板仍然要设定准入壁垒？笔者认为，科创板在试行初期匹配合格投资者制度有其合理性。因为科创板在企业准入门槛方面和交易制度方面有以下特性：

■ 科技型企业，大市值要求，但对其是否盈利要求不高；

■ 注册制，重视信息披露，不对企业前景做实质性判断；

■ 交易制度的特点：竞价交易放宽涨跌幅限制（20%），新股上市后 5 天内不设涨跌幅，科创板股票上市首日可作为融资融券标的；

■ 快速退市制度。

这些特征相对主板来说，至少在初期设定适当的投资者准入壁垒有利于防范风险和市场动荡。

此外，投资者准入壁垒的设置能适度防范市场过度投机的情况出现。美国是先有好企业再有资本市场，资本市场严格说是美国优秀企业的“附属品”。与美国不同，我国是侧重资本市场打造，先设立资本市场而后让好企业去争相上市。这种设计引发的问题就是，如果没有投资者准入壁垒，二级市场必然出现很强的投机性。

接下来，我们梳理一下目前中国实行的几类不同规则下的合格投资者制度，以便投资者进一步理解科创板合格投资者制度的合理性。

1. 新三板市场的合格投资者要求：

第五条　同时符合下列条件的自然人投资者可以申请参与挂牌公司股票公开转让：

（一）在签署协议之日前，投资者本人名下最近 10 个转让日的日均金融资产 500 万元人民币以上。金融资产是指银行存款、股票、债券、基金份额、资产管理计划、银行理财产品、信托计划、保险产品、期货及其他衍生产品等。

（二）具有2年以上证券、基金、期货投资经历，或者具有2年以上金融产品设计、投资、风险管理及相关工作经历，或者具有《办法》第八条第一款规定的证券公司、期货公司、基金管理公司及其子公司、商业银行、保险公司、信托公司、财务公司，以及经行业协会备案或者登记的证券公司子公司、期货公司子公司、私募基金管理人等金融机构的高级管理人员任职经历。

具有前款所称投资经历、工作经历或任职经历的人员属于《证券法》第四十三条规定禁止参与股票交易的，不得申请参与挂牌公司股票公开转让。

由于新三板企业的准入门槛最低，所以投资者的准入壁垒最高。除了资产要求，新三板还对主办券商有持续评估要求。相对科创板来说，由于科创板企业的准入门槛高，所以投资者的准入壁垒低一些。

2. 股指期货合格投资者要求如下：

第四条　期货公司会员只能为符合下列标准的自然人投资者申请开立股指期货交易编码：

（一）申请开户时保证金账户可用资金余额不低于人民币50万元；

（二）具备股指期货基础知识，通过相关测试；

（三）具有累计10个交易日、20笔以上的股指期货仿真交易成交记录，或者最近三年内具有10笔以上的商品期货交易成交记录；

（四）不存在严重不良诚信记录；不存在法律、行政法规、规章和交易所业务规则禁止或者限制从事股指期货交易的情形。

期货公司会员除按上述标准对投资者进行审核外，还应当按照交易所制定的投资者适当性制度操作指引，对投资者的基本情况、相关投资经历、财务状况和诚信状况等进行综合评估，不得为综合评估得分低于规定标准的投资者申请开立股指期货交易编码。

由于股指期货是保证金交易，风险较大，所以交易所对投资者有“50万元资金+知识考试+操作经验”的三重准入壁垒要求。

3.《证券公司融资融券业务管理办法》对融资融券投资者的适当性做出了相关要求：

第十二条　证券公司在向客户融资、融券前，应当办理客户征信，了解客户的身份、财产与收入状况、证券投资经验和风险偏好、诚信合规记录等情况，做好客户适当性管理工作，并以书面或者电子方式予以记载、保存。

对未按照要求提供有关情况、从事证券交易时间不足半年、缺乏风险承担能力、最近20个交易日日均证券类资产低于50万元或者有重大违约记录的客户，以及本公司的股东、关联人，证券公司不得为其开立信用账户。

专业机构投资者参与融资、融券，可不受前款从事证券交易时间、证券类资产的条件限制。

本条第二款所称股东，不包括仅持有上市证券公司5%以下流通股份的股东。

证券公司应当按照适当性制度要求，制定符合本条规定的选择客户的具体标准。

在实际操作中，大部分券商将投资者的准入壁垒设定为开户时间应不少于18个月、证券资产不低于50万元，金融总资产不低于 100 万元，投资经验在 3 年以上的客户。由于两融业务具有证券公司融资放债的特点，所以实际操作中对客户的资金量和投资经验都有一定要求，实际准入壁垒高于股指期货。

4. 创业板对投资者无资金量要求，但是需具备两年交易经验，并且现场签署《创业板市场投资风险揭示书》。

创业板因为实行核准制，故对上市公司的盈利性、规范性要求并不低，所以在上述标准中合格投资者的准入壁垒最低。

分拆上市的大未来

2019 年 8 月 23 日，《上市公司分拆所属子公司境内上市试点若干规定》（征求意见稿）（以下简称《规定》）出炉，可看作是我国资本市场发展的一个“小”里程碑。

长久以来，由于国内 A 股市场上市资源稀缺，上市公司自身投资形成的优良子公司在 A 股市场分拆上市是不被允许的，即便是非上市公司控制的子公司，主管部门也会严格核查是否由募股资金投资的，否则也不能够上市。

科创板的上市标准已经突破上述限制，即允许上市公司投资形成的优秀的科技创新型子公司在科创板完成上市。2019 年 1 月，《关于在上海证券交易所设立科创板并试点注册制的实施意见》明确指出，“达到一定规模的上市公司，可以依法分拆其业务独立、符合条件的子公司在科创板上市”。

按照该实施意见，有人理解为 A 股上市公司的子公司仅可以在科创板分拆上市，而以往上市公司的子公司在非科创板板块分拆上市是不被允许的。

但是《规定》的表述是这样的：“本规定所称上市公司分拆，是指上市公司将部分业务或资产，以其直接或间接控制的子公司的形式，在境内证券市场首次公开发行股票上市或实现重组上市的行为。”

《规定》并未特指“科创板”，并且全文也没有比照科创板提出要求，所以我们只能理解为是对所有板块的全面开放，这个尺度比笔者预想的要大，这是好事情。

《规定》在科创板首批股票上市一个月后出炉，时间进度略早于笔者预期，这是很值得玩味的。首先，科创板“敢为人先”是因为其试点注册制，使得上市资源不再稀缺，自然也不会存在A股公司如若分拆子公司上市就有重复融资之嫌；其次，分拆上市制度其实有诸多好处，未来对风险投资领域的影响可能也会超出大家预期。在科创板先锋作用的带动下，监管层才下决心推出了所有板块都适用的分拆上市制度。

那么，分拆上市究竟是怎么回事？该如何看待其作用和意义呢？

积极意义

狭义来讲，分拆上市是指已上市公司将其部分业务或者某个子公司独立出来，另行公开招股上市。这个子公司可能是公司历史上就拥有的，但是重新做了整合；也可以是上市公司后来新投资形成的。

分拆上市后，两个公司的关系有两种：（1）彼此独立，两个公司不再具有控制与被控制的母子式关联关系，海外资本市场的分拆上市操作倾向于选择这种关系；（2）继续维持原有控股关系，两个公司仍然为母子公司关系。我国监管层对于分拆上市后两个公司关系的确定倾向于第二种，即控制权不发生变更。

在海外成熟资本市场，分拆上市制度的积极影响已经充分显现。

1. 子公司的管理层激励。

分拆上市前，子公司的管理层激励主要建立在整个企业的价值之上，其管理层价值往往被低估。分拆上市后，子公司管理层直接成为新上市公司的股东，其股权价值会大大提升，从而能够更有效地激发他们的创造性和主观能动性。

2. 母公司资产流动性。

子公司分拆上市可以有效盘活母公司的投资，改善母公司资产的流动性，使得母公司新的投资项目可以不断进入上市公司。此外，分拆上市后，母公司与子公司在资产的转让、注入及融资活动等方面的合作方式将更为灵活。

3. 母公司获取投资收益。

子公司分拆上市时，母公司所持股权会产生资本溢价，获得超额投资收益。同时，在经过一定期限之后，母公司还可变现其分拆子公司的股份，从而获得资本增值收益。

4. 提升母公司市值。

子公司分拆上市往往给母公司带来巨大的炒作题材，从而推动母公司股价的上涨。此外，拆分之后母公司的主业将更加清晰，有利于市场对其合理估值，减少由于信息不对称或效率低下导致的误判问题，从而使股价能够真实反映公司的价值。

5. 提供新的退出通道。

其实，分拆上市制度的意义并非简单考虑已上市公司的市值管理需求，而是便于风险投资顺利退出。已上市的产业资本是培育科技型企业的重要力量，出于自身战略及产业布局考量，很多大型企业集团和上市公司都愿意投资一些发展潜力大、成长性高的子公司。如果子公司可以通过分拆上市，以市场认可的价值帮助母公司的投资顺利退出，这将极大地促进产业资本投资的发展。

CVC 投资

作为企业的战略行为，企业在发展过程中需要不断重金投入相关研发领域，孵化新技术。这些投入未见得仅是在企业内部，很可能是在企业外部寻找技术团队，投资或者并购这些技术团队。由于这些企业可以给小的公司或者技术团队提供已有的市场资源、更成熟的管理，往往会使这些小的公司或者技术团队能够更加迅速地成长。

上述投资方式被称为“企业风险投资”（Corporate Venture Capital，CVC），相比传统的 VC 方式，CVC 很有自己的特点：

1. 企业围绕自己的战略方向，更容易把握技术趋势，更专业；

2. 由于是战略行为，企业对新技术的盈利周期可以有更好的忍耐力；

3. 由于以企业自有资金为主，所以对基金到期清盘和有限合伙人（LP）赎回的压力小，更能适应创新产业投入周期长的特点；

4. 更容易为小企业倾注市场资源；

5. 被投资的企业既可以独立上市也可以被收购为子公司，退出途径更多。

CVC 投资模式见图 8。

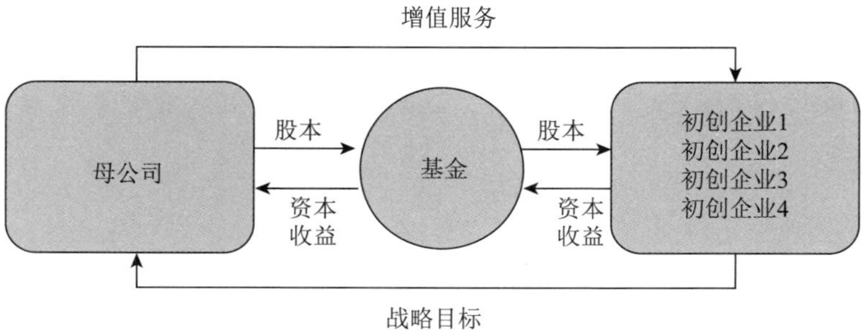

图 8 CVC 投资模式

资料来源：笔者自制。

实际上，在我国互联网领域，几家著名的互联网公司同时又都是最著名的互联网投资机构。而在国际上，以新药为代表的超长投资品种主要由知名企业进行长期布局。

近几年，CVC 投资总金额飞速增长，2015 年的金额为 2013 年的 4 倍之多，达到 1000 亿元以上。2016 年受资本寒冬影响，投资金额有所下降。2017 前三季度虽投资案例数有所下降，但投资金额超过 2015 年全年总额，这主要是由于 CVC 投资中大额投资案例增多所致。①

2008 年至 2017 年前三季度，我国 CVC 行业投资主要集中在

① 《2018 中国 CVC 行业发展报告》，清华大学国家金融研究院创业金融与经济增长研究中心、全球并购重组研究中心与创业邦联合课题组联合编撰。

互联网、IT、电信及增值业务、娱乐传媒等行业，四类行业投资案例事件及金额合计占全行业的比例分别达 75.56% 和 67.48%；其中投资在互联网领域的案例数和总金额遥遥领先，投资占比均超过三成。[①]

笔者接触过国内很多产业资本，由于 A 股市场不能分拆上市的规定，导致它们虽然有很深的产业背景，但是投资风格却很像传统的风险投资，或者创业者基于自身未来上市的考虑，很少接受它们成为大股东，这很不利于早期企业的快速发展。这也是目前 A 股市场存在的一个明显短板。

作为对照，目前很多 A 股公司将自己的子公司在新三板挂牌，作为自己进行资本运作的一个途径。如今，注册制条件下再强调上市名额的稀缺性就不符合逻辑了。让企业的长期、早期投入可以获得更好的回报，这会激励更多的产业资本围绕自身战略，积极布局早期科技型企业。

这个举措于国于民，惠而不费，善莫大焉！

《规定》解读

现在《规定》已经出来了，上市公司很有必要去充分理解分拆上市的各项具体条件，为下一步自身的资本运作打基础。本书根据《规定》，简要进行如下解读：

1. 成立时间较长的上市公司才有分拆资格。

《规定》要求“上市公司股票上市已满 3 年”的公司才允许

① 《2018 中国 CVC 行业发展报告》，清华大学国家金融研究院创业金融与经济增长研究中心、全球并购重组研究中心与创业邦联合课题组联合编撰。

分拆。至于“3 年”是 3 个会计年度还是 36 个月，我们还要等具体解释出台。

2. 大型上市公司的较小子公司才能分拆。

（二）上市公司最近 3 个会计年度连续盈利，且最近 3 个会计年度扣除按权益享有的拟分拆所属子公司的净利润后，归属上市公司股东的净利润累计不低于 10 亿元人民币（净利润以扣除非经常性损益前后孰低值计算）。

也就是说，扣除拟分拆子公司的净利润，原上市公司的年度平均净利润水平要在 3 亿元以上，该标准对绝大多数上市公司来讲都是不太容易达到的。

（三）上市公司最近 1 个会计年度合并报表中按权益享有的拟分拆所属子公司的净利润不得超过上市公司合并报表净利润的 50%；上市公司最近 1 个会计年度合并报表中按权益享有的拟分拆所属子公司净资产不得超过上市公司合并报表净资产的 30%。

这条规定要求拟分拆的子公司在原上市公司体系不能是最主要的利润来源，净资产这一条比较容易操纵和达标，不作为重要条件。

3. 拟分拆的子公司不能太小。

上市公司分拆上市的申请流程跟其他公司申请上市一致，都要符合原来规定的首发条件，发行人在主板、中小板、创业板上市要符合原 A 股市场的条件，发行人在科创板分拆上市要符合上交所的上市审核条件。

4. 对子公司的资产和业务形成是否由上市募集资金投入有了明确规定。

（五）上市公司最近 3 个会计年度内发行股份及募集资金投

向的业务和资产、最近3个会计年度内通过重大资产重组购买的业务和资产，不得作为拟分拆所属子公司的主要业务和资产。

上述条款可以从正反两方面解读：

（1）上市公司3个会计年度以前募股资金投入形成的资产可分拆，该条款给了上市公司很大的分拆自由度；

（2）如果上市公司有一项新业务，具备一定的培育价值，又希望尽早分拆上市，上市公司应尽可能使用自有资金投入，并通过跟风险投资机构合作的形式来孵化新企业。

5. 上市公司原业务与拟分拆子公司最好属于双主业，并且子公司有较好的独立性，没有同业竞争，不以自己的母公司为主要服务对象。

（七）上市公司应当充分披露并说明：本次分拆有利于上市公司突出主业、增强独立性；上市公司与拟分拆所属子公司不存在同业竞争，且资产、财务、机构方面相互独立，高级管理人员、财务人员不存在交叉任职；拟分拆所属子公司在独立性方面不存在其他严重缺陷。

6. 对金融业上市一如既往严格。

“所属子公司从事金融业务的，上市公司不得分拆该子公司上市。”但对于金融企业孵化和培育非金融业态子公司的，这条真是个好消息。比如国内某著名金融集团，投资了很多科技类公司。

7. 上市公司及拟分拆子公司董事及高管持股规定。

（六）上市公司及拟分拆所属子公司董事、高级管理人员及其关联人员持有所属子公司的股份，不得超过所属子公司分拆上市前总股本的10%。

也就是说，拟分拆的子公司可以由母、子公司高管持股，但是比例不能太高，笔者对这一条的意见有较大保留。

这条规定跟大型企业集团鼓励内外部创业的要求有较大冲突。

大型企业缺乏内外部创业人才，创业者缺乏大型企业的各类外部资源。由企业出资、内外部创业者出智，建立良好的 CVC 氛围是非常符合逻辑的。

让创业者占有较高的股权比例，是合情合理合乎实际情况的。

因此，笔者的改进建议是：主要限制母公司高管在拟分拆子公司中的持股比例，少限制或者调高子公司高管在拟分拆上市公司中的持股比例。只要能够保持实际控制人容易确认、识别并且稳定即可。

科创板里的 AB 股

科创板对特别表决权股份敞开了大门，是对 A 股现有规则的突破和创新，将给中国资本市场带来深远的影响。

历史上，特别表决权股份的最早案例出现在美国，不过在美国被称为双重股权架构（Dual-Class Share Structure）。目前可考的最早案例发生在 1898 年，一家叫 International Silver Company 的公司同时发行了优先股和无投票权普通股。1902 年，该公司将无投票权的普通股转换为有投票权的股票，但每一股的投票权相当于原始股的 1/2，该方案成为双重股权架构的源头。

中国香港股市类似的概念称为“不同投票权”。1972 年 1 月，港股上市公司会德丰将已发行的普通股改为 A 类股份，每两股 A

类股份可供[①]一股 B 类股份，B 类股份面值为 A 类股份的 1/10，但投票权与 A 类股份相同。1974 年，太古洋行也成功发行了 B 类股份。在这个时期，均是已上市公司来发行“不同投票权”的股份，并不是公司未上市前发行“不同投票权”股份再去申请上市，而且，“不同投票权”股份的差异在于面值，而不在于投票权。

发展历程

美国三大股票交易所目前均允许具备双重股权架构的企业挂牌上市，但在历史上曾分别采取过不同的政策，这些政策已逐步转化成为现行的一些标准。

例如，1976 年，美国股票交易所（American Stock Exchange, AMEX）规定，不同种类股票的投票权比例不得低于 1∶10。1985 年，美国纽约证券交易所（New York Stock Exchange, NYSE）规定，双重股权结构要经过拥有外部股权股东的多数同意，同时要经过独立董事的多数同意。

1988 年，美国证券交易委员会（Securities and Exchange Commission, SEC）推出“Rule 19C-4”规则，规定交易所不得允许挂牌上市的企业（the Listing, or the Continuance of the Listing）通过发行不同种类的股票或配股等方式或以持股数量、时间为基础来剥夺、限制或极度减少现有股东的投票权（Nullifying, Restricting, or Desperately Reducing the per Share Voting Rights），同时规定证

① 港股市场的供股，类似于 A 股市场的配股。

券交易机构不得交易此类股票。

虽然“Rule 19C-4”规则由于超出了SEC权限范围，在1990年被废止，但其基本原则均被三大交易所（AMEX、NYSE、NASDAQ）接受。1994年，美国三大证券交易所在SEC倡导下，接受了基本一致的政策，并延续了统一的基本原则：禁止已上市公司新发行不同种类的股票，允许具备不同种类股票的企业上市。

“不同投票权”股份在中国香港也经历了类似的反复，前文提到过，中国香港曾允许已上市公司发行不同投票权的股份，后来以港交所1989年修订上市规则作为分水岭，禁止发行B类股份。其实在该上市规则修订前，曾有3家公司（怡和、长江实业、和记黄埔）尝试发行B类股份，但均未获批准。

当时相关的上市规则表述如下：

8.11 新申请人的股本不得包括下述股份：该等股份拟附带的投票权利，与其于缴足股款时所应有的股本权益，是不成合理比例的（“B股”，B Shares）。本交易所不会批准上市发行人已发行的新B股上市，亦不会允许上市发行人发行新B股（无论该等股份寻求的是在本交易所或其他证券交易所上市），但下列情况则作别论：

（1）本交易所同意的特殊情况；或

（2）如该等拥有已发行B股的上市公司，通过以股代息或资本化发行的方式，再次发行在各方面与该等B股享有同等地位的B股；但经此次发行后的已发行B股的总数，与已发行的其他有投票权股份总数的比例，须大致维持在该次发行前的水平。

根据以上规定，具有不同投票权股份的公司，虽然可以依照

《公司条例》注册，但不能在港交所上市。基于该条款，2013 年拥有不同投票权股份的阿里巴巴在港交所申请 IPO 被拒。

2018 年 4 月 30 日，在多次咨询的基础上，港交所对主板上市规则进行了第 119 次修订，特别增加了不同投票权的章节。当然，港交所特别强调，“本交易所认为‘一股一票’原则仍然是赋予股东权力及使股东权益一致的最理想方法，但若有偏离此原则的公司提出上市申请，如满足本章所载条件及具备本章所载保障措施，本交易所亦会加以考虑。”

港交所主板不同投票权基础规则包括：

本交易所只考虑新申请人以不同投票权架构上市的申请，允许的不同投票权架构只限以股份类别为基础的不同投票权架构，发行人不可寻求具不同投票权的股份类别上市。

以上原则与 1989 年上市规则相比，具备以下特点：

1. 只考虑 IPO 申请，已上市企业仍然不考虑。

2. 不同投票权只以股份类别为基础，价格与普通股一致。

3. 与 1989 年修订的原则一致，仍然只有普通股可以上市流通。

法律依据

纳斯达克双重股权架构

以纳斯达克为例，纳斯达克上市规则（Initial Listing Guide）的 5640 章节对投票权和双重股权架构规定如下：

1）在纳斯达克注册公开交易的企业，不能通过任何措施或股票发行活动来减少或限制普通股现有股东的投票权（Corporate

Actions or Issuances cannot Disparately Reduce or Restrict the Voting Rights of Existing Shareholders），包括但不限于采用分阶段投票计划（Time–Phased Voting Plans）、采用上限投票权计划（Capped Voting Rights Plans）、发行超级投票权股票（Super–Voting Stock）或发行投票权低于通过交换要约对现有普通股的每股投票权。

2）纳斯达克对于双重股权架构的政策是建立在SEC Rule 19C–4各项原则的基础上，但纳斯达克在实施中会更有灵活性，同时会根据资本市场的变化和自身发展的需要适当做出灵活把握。纳斯达克允许企业符合SEC Rule 19C–4的措施和发行，也会评估和考虑不符合该原则的措施和发行。

3）对于超级投票权股份发行的限制主要是针对发行新类别的股份（a New Class of Stock），已经具备双重股权架构（Dual Class Capital Structures）的企业，可以在符合政策条件下增加发行。

港交所的不同投票权

根据中国香港《公司条例》（香港法例第622章）关于股份的类别及类别权利的规定，允许有股本的公司发行不同类别的股份，“如某些股份所附带的权利，在所有方面均属划一，该等股份即属同一类别”。

《公司条例》要求，上市公司应对不同类别的股份进行公示和说明，相关规定包括但不限于：

1. 有不同类别的股份的公司所发出的股份证明书，均须在显眼位置载有一项陈述，述明该公司的股本被分为不同类别的股份；并指明每一类别的股份所附带的表决权。

2. 如公司某类别股份的持有人，没有在该公司的成员大会上表决的权利，该类别股份的说明称号，须包括“无表决权”中文字样或“non voting”英文字样；及该公司须确保上述字样在它所发出的任何股份证明书上清晰可阅地显示。

3. 如公司违反本条，该公司及其每名责任人均属犯罪，可各处第 4 级罚款，如有关罪行是持续的罪行，则可就该罪行持续期间的每一日，另各处罚款 $700。

对于上市公司更改股份类别的程序，《公司条例》规定如下：

1. 按照公司章程细则中关于更改该等权利的条文而更改；

2. 如果公司章程没有约定，按以下两种方式：

（1）持有人的书面同意，而该名或该等持有人持有的表决权占有关类别股份的持有人的总表决权中最少 75%；或

（2）在一个分开举行的该类别股份的持有人的成员大会上通过的认许有关更改的特别决议。

于是，《香港联合交易所有限公司证券上市规则》（2019 年，第 124 次修订版）对不同投票权定义如下：

附带于某特定类别股份大于或优于普通股投票权的投票权力，或与受益人于发行人股本证券的经济利益不相称的其他管治权利或安排；及产生不同投票权的发行人架构。

科创板的特别表决权

现行《中华人民共和国公司法》（以下简称“公司法”）在规定公司股东表决权的时候，为特别表决权股份保留了开放的可能性。

关于有限责任公司股东的表决权，公司法第四十二条规定：“股东会会议由股东按照出资比例行使表决权；但是，公司章程

另有规定的除外。”

关于股份有限公司股东的表决权，公司法第一百零三条规定：“股东出席股东大会会议，所持每一股份有一表决权。”

公司法强调股份发行的公平原则，第一百二十六条规定：

股份的发行，实行公平、公正的原则，同种类的每一股份应当具有同等权利。同次发行的同种类股票，每股的发行条件和价格应当相同；任何单位或者个人所认购的股份，每股应当支付相同价额。

同时，公司法也对其他种类的股份发行保留了开放窗口，第一百三十一条规定：“国务院可以对公司发行本法规定以外的其他种类的股份，另行作出规定。”

因此，可以看到，依据现行公司法，有限责任公司可以通过公司章程来自主设置特别表决权。对于股份有限公司，现行法律法规并没有关于设置特别表决权的明文规定，但为特别表决权保留了开放窗口，成为本次科创板特别表决权股份规则的法律依据。

经党中央、国务院同意，中国证监会于2019年1月30日发布了《关于在上海证券交易所设立科创板并试点注册制的实施意见》（以下简称“实施意见”）。实施意见提出：

依照公司法第一百三十一条规定，允许科技创新企业发行具有特别表决权的类别股份，每一特别表决权股份拥有的表决权数量大于每一普通股份拥有的表决权数量，其他股东权利与普通股份相同。

需要注意的是，实施意见表述的是，允许科技创新企业发行特别表决权股份，并未限制是申报科创板的科技创新企业。根据

2018年9月18日《国务院关于推动创新创业高质量发展打造“双创”升级版的意见》（国发〔2018〕32号），第二十六条“拓宽创新创业直接融资渠道”指出：“推动完善公司法等法律法规和资本市场相关规则，允许科技企业实行‘同股不同权’治理结构。”

鉴于32号文出现在科创板面世之前，可以理解为同股不同权并不是只针对科创板而是面向所有科技创新企业。如果认为特别表决权股份仅针对科创板，那就需要解答一个疑问：假如某企业发行了特别表决权股份去申报科创板，结果没有挂牌成功，那么该企业发行的特别表决权股份是否为非法物？因此，未来特别表决权股份适用于所有科技创新型企业。

科创板特别表决权规则

市值及财务指标门槛

科创板上市规则规定，发行人具有表决权差异安排的，市值及财务指标应当至少符合下列标准中的一项：

（一）预计市值不低于人民币100亿元；

（二）预计市值不低于人民币50亿元，且最近一年营业收入不低于人民币5亿元。

一方面，从预计市值要求来看，以上标准已经远远超过申报科创板全部五套标准的最高市值及财务要求；另一方面，科创板上市规则并未在实施意见基础上对发行人资格做更多要求，因此不论是境内注册发行人，还是境外红筹企业，均可以发行特别表决权股份。

股东资格

持有特别表决权股份的股东应当为对上市公司发展或者业务增长等做出重大贡献，并且在公司上市前及上市后持续担任公司董事的人员或者受该等人员实际控制的持股主体。

持有特别表决权股份的股东在上市公司中拥有权益的股份，合计应当达到公司全部已发行有表决权股份的 10% 以上。相关内容见表 11。

表 11　特别表决权股份适用情况对照

序号	公司约定的股东会职权内容	特别表决权股份适用情况对照
1	决定公司的经营方针和投资计划	□√
2	选举和更换非由职工代表担任的董事、监事，决定有关董事、监事的报酬事项	部分不适用，聘请或者解聘独立董事与普通股份的表决权数量相同
3	审议批准董事会的报告	□√
4	审议批准监事会或者监事的报告	□√
5	审议批准公司的年度财务预算方案、决算方案	□√
6	审议批准公司的利润分配方案和弥补亏损方案	□√
7	对公司增加或者减少注册资本做出决议	□√
8	对发行公司债券做出决议	□√
9	对公司合并、分立、解散、清算或者变更公司形式做出决议	基本不适用，公司合并、分立、解散或者变更公司形式与普通股份的表决权数量相同

续表

序号	公司约定的股东会职权内容	特别表决权股份适用情况对照
10	修改公司章程	完全不适用，与普通股份的表决权数量相同
11	公司章程规定的其他职权	改变特别表决权股份享有的表决权数量、聘请或者解聘为上市公司定期报告出具审计意见的会计师事务所，与普通股份的表决权数量相同

资料来源：《上海证券交易所科创板股票上市规则》（2019年4月第一次修订）。

发行规则

1. 特别表决权股份只能在上市前发行，上市后不得设置此类安排。并且在上市后，除同比例配股、转增股本情形外，科创板企业不得在境内外发行特别表决权股份，不得提高特别表决权比例。

2. 上市公司因股份回购等原因，可能导致特别表决权比例提高的，应当同时采取将相应数量特别表决权股份转换为普通股份等措施，保证特别表决权比例不高于原有水平。特别表决权股份不得在二级市场进行交易，但可以按照本所有关规定进行转让。根据实施意见，特别表决权股份一经转让，应当恢复至与普通股份同等的表决权。

3. 数量设置：上市公司章程应当规定每份特别表决权股份的表决权数量。上市公司应当保证普通表决权比例不低于10%，即特别表决权比例不高于90%。每份特别表决权股份的表决权数量应当相同，且不得超过每份普通股份的表决权数量的10倍。单独或者合计持有公司10%以上已发行有表决权股份的股东有权提议召开临时股东大会；单独或者合计持有公司3%以上已发行有表决权股份的股东有权提出股东大会议案。

4. 效力：除公司章程规定的表决权差异外，普通股份与特别表决权股份具有的其他股东权利应当完全相同。

对比公司法第三十七条“股东会职权”内容，可以看出，特别表决权股份给予持有人的权利范围涵盖公司经营方针、投资计划、年度财务预算方案、决算方案、发行债券、利润分配方案和弥补亏损方案相关权利，是为了更好地发挥特别表决权股份持有者在经营方面的优势，利于其执行相关发展思路，但并没有赋予其破坏公司其他制度的权利。

5. 转换条件：出现下列情形之一的，特别表决权股份应当按照1∶1的比例转换为普通股份：

（1）持有特别表决权股份的股东不再符合科创板上市规则规定的资格和最低持股要求，或者丧失相应履职能力、离任、死亡；

（2）实际持有特别表决权股份的股东失去对相关持股主体的实际控制；

（3）持有特别表决权股份的股东向他人转让所持有的特别表决权股份，或者将特别表决权股份的表决权委托他人行使；

（4）如果公司的控制权发生变更，上市公司已发行的全部特别表决权股份均应当转换为普通股份。

6. 信息披露与监管

（1）存在特别表决权股份的境内科技创新企业申请发行股票并在科创板上市的，公司章程规定的上述事项应当符合上交所有关要求，同时在招股说明书等公开发行文件中，充分披露并特别提示有关差异化表决安排的主要内容、相关风险及对公司治理的影响，以及依法落实保护投资者合法权益的各项措施。

（2）上市公司具有表决权差异安排的，监事会应当在年度报告中，就下列事项出具专项意见。

（3）持有特别表决权股份的股东应当按照所适用的法律法规以及公司章程行使权利，不得滥用特别表决权，不得利用特别表决权损害投资者的合法权益。出现前款情形，损害投资者合法权益的，上交所可以要求公司或者持有特别表决权股份的股东予以改正。

案例

Facebook

2012 年 5 月，Facebook 携双重股权架构在纳斯达克成功上市。

2009 年 11 月，Facebook 将所有股份分为 A 类普通股和 B 类普通股，相关规则包括：

1. 每一股 A 股普通股具有 1 份投票权，而每一股 B 股普通股具有 10 份投票权。

2. 如果公司 IPO 上市之后现有 B 类普通股股东选择出售股份，那么将自动转换为 A 类普通股。

招股书显示，截至 2011 年 12 月 31 日，Facebook 共发行了 1.17 亿股 A 类普通股和 17.59 亿股 B 类普通股。公司创始人 Mark Zuckerberg 并不直接持有 A 类普通股，但以本人名义及其年金信托持有 5.34 亿股 B 类普通股，共约占 Facebook 总股本的 28.4%，该部分股票的投票权占全部投票权（A+B）的比例约为 28.2%。

另外，Facebook 招股书披露，参与公司上市前 10 轮融资的机构股东和个人股东均需与 Mark Zuckerberg 签署不可撤销的委托投票协议。根据协议，Mark Zuckerberg 额外控制 36.1% 的 A 类股票投票权及 30.6% 的 B 类股票投票权。

综上，通过直接持有 B 类股票和不可撤销委托协议，Mark Zuckerberg 共掌握 Facebook 56.9% 的投票权，具有对 Facebook 的绝对控制权。

小米集团

2018 年 7 月，小米集团在港交所主板上市，成为第一家在港交所成功 IPO 的拥有不同投票权股份的有限公司。

根据小米集团招股说明书，每股 A 类普通股拥有 10 份投票权，每股 B 类普通股拥有 1 份投票权，但是在对公司章程明确规定的少量保留事项进行表决时，无论股份的类别，每股均只有 1 份投票权。小米集团不同投票权相关规则与港交所保持基本一致，但在股份转让方面较港交所规定有了更严格的限定，强调只能转让给非关联第三方。

截至 2018 年 6 月 7 日（招股说明书签署日），两位创始人雷军和林斌通过各自控制的企业或信托共同持有全部已发行的 A 类普通股。其中，雷军持有的 A 类普通股占总股本的比例约为 20.51%，投票权所占比例约为 52.90%[①]。具体情况见表 12。

① 小米集团首次公开发行股票招股说明书。

表 12　小米集团创始人股东的 A 类普通股持股及投票权比例情况

股东名称	实际受益人	持股比例	投票权比例
Bin Lin, as trustee of Bin Lin TRUST	林斌	11.46%	29.55%
Smart Mobile Holdings Limited	雷军	20.51%	52.90%
小计		31.97%	82.45%

资料来源：小米集团招股书。

当时，小米集团主要股东的持股比例和投票权比例情况见图9。

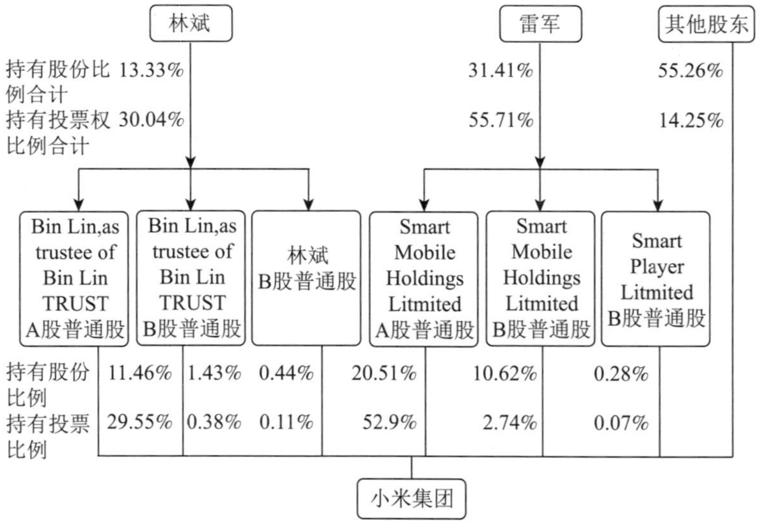

图 9　小米集团主要股东的持股比例和投票权比例情况

资料来源：小米集团招股书。

通过以上股权结构不难发现，雷军通过 Smart Mobile Holdings Limited 和 Smart Player Limited 持有的公司 A 类普通股以及 B 类普通股股票享有的投票权占公司全体股东享有投票权的 55.71%。此外，根据公司其他股东和雷军签署的投票权委托协议，雷军作为受托人可实际控制另外2.2%的投票权，共计控制发行人57.91%的投票权。虽然雷军、林斌之外的其他股东持有的股份数量占总股本的比例达到了55.26%，但拥有的投票权所占的比例仅为14.25%，公司的经营管理权牢固地控制在创始人和实际控制人手上。

2018年7月，小米在港交所全球发行并行使超额配售权以后，雷军持股比例降到29.13%，持有的投票权比例变为54.25%，全部A类普通股的投票权比例变为80.3%。

科创板首家申报案例：优刻得

2019年4月1日，优刻得科技股份有限公司（以下简称“优刻得”）首次公开发行股票并在科创板上市的申请获上交所正式受理，成为国内首家拥有特别投票权股份并申报上市的企业。

优刻得共同控股股东、实际控制人设置特别表决权的数量合计为97688245股A类股份，其中季昕华持有A类股份50831173股，莫显峰持有A类股份23428536股，华琨持有A类股份23428536股。[①] 扣除A类股份后，公司剩余266343919股为B类股份。综上，3位实际控制人持有全部A类股份，其他股东持有全部B类股份。每份A类股份拥有的表决权数量为每份B类股份拥有的表决权的5倍。除非经发行人股东大会决议终止特别表决权安排，优刻得特别表决权的设置将持续、长期有效。

根据以上方案，3位实际控制人的表决权数量与比例情况见

① 优刻得首次公开发行股票招股说明书。

表 13。

表 13　优刻得实际控制人表决权数量与比例

序号	股东名称	表决权数量（票）	表决权比例
1	季昕华	254155865	33.67%
2	莫显峰	117142680	15.52%
3	华琨	117142680	15.52%
小计		488441225	64.71%
其他股东		266343919	35.29%
总计		754785144	100%

资料来源：优刻得招股书。

可以看到，通过特别表决权股份安排，3 位实际控制人获得了 64.71% 的表决权，单一大股东表决权占比达到 33.67%，对企业的控制力大为提升。优刻得关于特别表决权的保留事项、转让限制等其他规则内容与科创板要求基本一致。

根据招股说明书，优刻得具有特别表决权差异安排，拟适用《上海证券交易所科创板股票发行上市审核规则》第 24 条第 2 款上市标准“预计市值不低于人民币 50 亿元，且最近一年营业收入不低于人民币 5 亿元”。若公司初步询价结束后计算出的总市值低于 50 亿元，则存在发行被中止的风险。优刻得 2018 年营业收入 11.8 亿元，净利润 8997.86 万元。优刻得如果要达到科创板发行特别表决权股份市值门槛的要求，其获得怎样的市场估值将是一个挑战。

影响

通过案例可以发现，特别表决权对于企业的积极影响主要有以下几点：

1. 保持创始团队对已上市企业的控制权，避免因控制权争夺而导致科技创业公司陷入危机。

2. 创始团队能够在对企业深刻理解的基础上，制定科学合理的企业发展战略，提高公司经营管理团队的决策和执行效率，排除来自其他股东特别是财务投资者的干扰。

3. 在投票权稀释比例较小的情况下，有利于科技创新型企业扩大股权融资规模。

4. 上市后可以防止敌意收购。

同时，特别表决权对于企业的消极影响也很明显：

1. 有可能侵害中小股东利益，特别是分配权。公司法第一百六十六条对于股份公司的分配规定如下：公司弥补亏损和提取公积金后所余税后利润，股份有限公司按照股东持有的股份比例分配，但股份有限公司章程规定不按持股比例分配的除外。科创板特别表决权股份适用范围包括审议批准公司的利润分配方案，如果分配比例与投票权比例相同，二级市场参与的中小股东可能需要计算投入产出比。

2. 如果拥有特别表决权股份的创始团队不再具备与企业发展相适应的能力，特别表决权股份有可能成为阻碍企业发展的绊脚石。

不同投票权与特别表决权的简要比较

在其他制度设计上，港交所主板不同投票权主要内容与科创板特别表决权股份规则的简要比较见表 14。

表 14　港交所主板与科创板关于不同投票权规则的简要比较

序号	规则事项	港交所主板	比较
1	市值要求	（1）上市时市值至少为 400 亿港元；或（2）上市时市值至少为 100 亿港元及经审计的最近一个会计年度收益至少为 10 亿港元	港交所主板标准高于科创板
2	股东资格	不同投票权受益人必须为申请人上市时的董事会成员	科创板更为严格
3	股份比例限制	新申请人首次上市时，其不同投票权架构受益人实益拥有其已发行股本相关经济利益的占比合计必须不少于 10%	港交所主板预留不足 10% 但金额巨大的特殊窗口
4	上市前发行	只考虑新申请人以不同投票权架构上市的申请。上市后，具不同投票权架构的上市发行人不得改变不同投票权股份类别的条款，以增加该类股份所附带的不同投票权	原则一致，科创板更细化
5	上市后不得提高特别表决权比例	不得将不同投票权股份比例增至超过上市时所占比例。配发、发行或授予不同投票权股份，只适用于不提高比例且经事先批准的（1）向发行人全体股东按其现有持股比例发售；（2）向发行人全体股东按比例发行证券以股代息；或（3）按股份分拆或其他资本重组。如发生回购，不同投票权受益人须按比例减少其于发行人的不同投票权	原则一致，港交所主板预留符合自有业务的特殊情况窗口

续表

序号	规则事项	港交所主板	比较
6	转让限制	不同投票权股份在实益拥有权或经济利益转让予另一人，或股份所附投票权的管控（透过代表或其他方法）转让予另一人后，该等股份所附带的不同投票权即必须终止	基本一致
7	投票权的权力限制	同股同权股东必须持有上市发行人股东大会议案不少于 10% 的合资格投票权。上市发行人的不同投票权股份类别赋予受益人的投票权，不得超过发行人股东大会上普通股可就任何议案表决的投票权力的 10 倍	一致
8	普通股东召开股东特别大会的权利	同股同权股东必须有权召开股东特别大会及在会议议程中加入新的议案，所需的最低持股要求不得高于上市发行人股本所附投票权按“一股一票”的基准计算的 10%	科创板与公司法规定完全相同，与港交所主板原则接近
9	保留事项	通过下列事宜的议案时，上市发行人须不理会任何股份类别所附带的不同投票权，不同投票权受益人的投票权不得多于每股一票：（1）上市发行人组织章程文件的变动（不论以何种形式）；（2）任何类别股份所附带权利的变动；（3）委任或罢免独立非执行董事；（4）委聘或辞退核数师；（5）上市发行人自愿清盘	内容基本相同，只在第五点科创板较港交所主板考虑了更多可能情况
10	股东的权利范围	不同投票权必须仅附于发行人的个别股本证券类别，并只就发行人股东大会上的议案赋予受益人更大的投票权。在所有其他方面，具有不同投票权的股本证券类别所附带的权利必须与发行人上市普通股所附带的权利相同	一致

续表

序号	规则事项	港交所主板	比较
11	特别表决权股份股东的持续性规定	上市后任何时候若有以下情况，不同投票权受益人于上市发行人的不同投票权必须终止： （1）该受益人身故； （2）其不再是发行人董事； （3）港交所认为其无行为能力履行董事职责；或认为其不再符合《上市规则》关于董事的规定。包括： （a）受益人被判或曾被判犯上欺诈或不诚实行为的罪行； （b）有管辖权的法院或法庭向受益人发出取消资格令；或 （c）本交易所裁定受益人未遵守《上市规则》相关规定。 不同投票权股份转换为普通股，必须按一换一比率进行	原则相近，科创板更强调股东的实际控制地位和公司控制权的变化。港交所主板特别明确：若发行人首次上市时的不同投票权受益人已无一人实益拥有不同投票权股份，上市发行人的不同投票权架构即必须终止
12	监管与披露	（1）必须聘请符合《上市规则》要求的独立非执行董事、成立提名委员会、企业管治委员会，首次上市日期起即必须委任常设的合规顾问。 （2）企业管治委员会具备监察不同投票权受益人资格、至少每半年度及每年度汇报企业管治委员会的工作等职权。 （3）必须在按《上市规则》规定刊发的所有文件首页，加入示警字句“具不同投票权控制的公司”，并在上市文件及定期财务报告中披露。 （4）具不同投票权架构的发行人上市股本证券，其股份名称结尾须有“W”字母作为标识	基本一致，港交所在股票代码中加入标识，更为明显

资料来源：上交所网站、港交所网站。

“绿鞋”是一双什么鞋？

在《上海证券交易所科创板股票发行与承销实施办法》中，有如下几项规定：

第二十一条　发行人和主承销商可以在发行方案中采用超额配售选择权。

采用超额配售选择权发行股票数量不得超过首次公开发行股票数量的 15%。

主承销商采用超额配售选择权，应当与参与本次配售并同意作出延期交付股份安排的投资者达成协议。

第二十二条　发行人股票上市之日起 30 个自然日内，主承销商有权使用超额配售股票募集的资金，从二级市场购买发行人股票，但每次申报的买入价不得高于本次发行的发行价，具体事宜由本所另行规定。

主承销商可以根据超额配售选择权行使情况，要求发行人按照超额配售选择权方案发行相应数量股票。

第二十三条　主承销商应当在超额配售选择权行使期届满或者累计行使数额达到采用超额配售选择权发行股票数量限额的 5 个工作日内，根据超额配售选择权行使情况，向发行人支付超额配售股票募集的资金，向同意延期交付股票的投资者交付股票。

这里提到了一个概念：超额配售选择权。该选择权有什么含义呢？

超额配售选择权是指发行人授予主承销商的一项选择权，获此授权的主承销商按同一发行价格超额发售不超过包销数额 15% 的股份，即主承销商按不超过包销数额115%的股份向投资者发售。[①]

该次增发包销部分的股票自上市之日起30日内，主承销商有权根据市场情况选择从二级市场购买发行人股票，或者要求发行人增发股票，分配给对此超额发售部分提出认购申请的投资者。

由于超额配售选择权的做法源于1963年美国一家名为波士顿绿鞋制造公司的股票发行过程，因此超额配售选择权又称“绿鞋”。

如果感到上述定义还是有点费解，我们举个例子：

A公司通过了发行审核，准备在科创板上市。负责A公司上市工作的是主承销商B。A公司准备发行股票1000万股，发行价格为10元/股，募集资金1亿元。

由于是注册制环境，股票是需要努力对外销售的，为了让潜在购买方觉得认购原始股有利可图，从而愿意认购首发原始股，主承销商B和A公司及投资者各签署了一份协议。

主承销商B跟A公司签署的协议是：

主承销商B可以对外销售1150万股，其中成功销售1000万股募集到的1亿元资金直接交给A公司（未考虑发行费用）。如果一个月后股价涨势良好，远超过首次发行的价格，A公司就要追加发行150万股，此时主承销商B会把之前收到的股票认购款转给A公司。

主承销商B跟投资者签署的协议是：

投资者要先行把150万股的认购款打给主承销商B，但是股票投资款的1500万元资金先留在主承销商B的账户中，并不交

① 百度百科：超额配售选择权。

给 A 公司。虽然投资者交了款，主承销商 B 与投资者却约定 1 个月以后才把这些股票交割给投资者。这属于一桩预先付款暂不给货的生意。

之后，A 公司发行的 1000 万股股票上市了，如果股价涨势喜人，远超过 10 元钱的发行价，那么 30 天后，A 公司就再多发行 150 万股股票给已经预先交过款的投资者，A 公司多募集了资金，投资者赚到了差价，主承销商 B 获得了更多的承销利润，大家皆大欢喜。

如果 A 公司上市后股价表现不好，跌到了 9 元，这时主承销商 B 就用原来已经收到的 1500 万元在二级市场直接买入股票。这时，因为市场多了这样一股买盘力量，A 公司的股价会短期得以回升。30 天到期后，主承销商 B 就把这 150 万股股票交给之前已支付预缴款的投资者，A 公司也不再额外发行股票。

从这个例子可以看出，在 A 公司上市的前 30 天，如果股价暴涨，就会凭空多出 150 万股股票的供给；如果股票暴跌，就会多出 1500 万元资金的买盘力量，资金或股票的供给短期内会自动调节市场的价格走势，从而起到短期稳定 A 公司股价的作用。

“绿鞋”机制在国内也不是新鲜事，在以往 A 股的发行过程中，已经有公司采用过这种机制。典型的案例是农业银行的首次发行，公司 A 股全额行使超额配售选择权，在初始发行 222.35 亿股 A 股的基础上超额发行 33.35 亿股 A 股，约占本次发行初始规模的 15%。在“绿鞋”机制行使完毕后，农行共计募集资金达 221 亿美元，约合人民币 1503 亿元，创下当时全球有史以来最大 IPO 的纪录。

“绿鞋”机制虽然能在短期内起到稳定股价的作用，但是也并非能解决全部的问题，很多公司在上市后即便主承销商动用超额配售资金买入护盘，但是股价依然不断下跌，使之前预约买入的投资者出现亏损。

因此，定价能力是注册制环境下券商的核心能力之一，远超出之前摇号环境下投资者对券商的要求。

承诺是个“技术活”

作为资本市场改革的重大创新点，中国证监会《关于在上海证券交易所设立科创板并试点注册制的实施意见》第十九条规定：“对欺骗发行上市的，可以责令上市公司及其控股股东、实际控制人按规定购回已上市的股份。”

事实上，现阶段在中国证监会申报上市的企业及大股东、实际控制人也均就欺诈上市、虚假陈述等行为做出了相应的回购新股或者已转让限售股等承诺，不过，阅读并比较首批 9 家被受理的申报科创板的公司承诺也还是有一定意义的。

总的来说，一份比较完整的方案应该包含两份承诺，承诺的内容和承担的义务也不尽相同。

第一份承诺，发行人（拟上市公司）的承诺

拟上市公司承诺购回的股份应该主要是首发新股，不太推荐涵盖回购实际控制人、大股东出售的老股；要件应该包括回购股份的数量、价格、具体实施时间表及程序，实施方案的保证措施，以及不能按规定实施方案后的具体处罚、限制措施等，同时还应

区分上市前和上市后的情形。

在 9 家发行人的承诺方案中，我们看到有些承诺不太清晰，有些疑似中介机构摘录错误，有些回购承诺涵盖大股东转让的部分，有些虽然规定了比较清晰的数量和价格，但是没有披露这个承诺是否已经获得公司有权部门的批准（建议均由现行董事会、股东会表决批准，而非仅是公司出具盖公章的承诺书），而有些承诺的约束力明显较弱（见表 15）。

表 15　9 家发行人相关承诺摘录

简称	承诺	具体方法或措施	追加保证或措施
宁波容百	回购首发股份	未上市，自中国证监会、上交所或其他有权部门认定本公司存在上述情形之日起 30 个工作日内，本公司将按照发行价并加算银行同期存款利息回购首次公开发行的全部 A 股； 已上市，自中国证监会、上交所或其他有权部门认定本公司存在上述情形之日起 30 个交易日内，本公司董事会将召集股东大会审议关于回购首次公开发行的全部 A 股股票的议案，回购价格的确定将以发行价为基础并参考相关市场因素确定	本公司非因不可抗力原因导致未能履行公开承诺事项的，需提出新的承诺（相关承诺需按法律、法规、公司章程的规定履行相关审批程序）并接受如下约束措施，直至新的承诺履行完毕或相应补救措施实施完毕： （1）在股东大会、中国证监会或者上交所指定的披露媒体上公开说明未履行的具体原因并向股东和社会公众投资者道歉。 （2）对公司该等未履行承诺的行为负有个人责任的董事、监事、高级管理人员调减或停发薪酬或津贴。 （3）给投资者造成损失的，本公司将按中国证监会、上交所或其他有权机关的认定向投资者依法承担赔偿责任

续表

简称	承诺	具体方法或措施	追加保证或措施
利元亨	回购首发股份	新股上市前，发行价格加同期银行存款利息回购； 上市后，将在该等违法事实被中国证监会、证券交易所或司法机关等有权机关认定之日起 10 个交易日内召开董事会并提议尽快召开股东大会，并将按照董事会、股东大会审议通过的股份回购具体方案回购本公司首次公开发行的全部新股，回购价格不低于届时本公司股票二级市场价格	不能执行的，公司将在股东大会及中国证监会指定报刊上公开说明未履行的具体原因并向股东和社会公众投资者道歉，同时及时进行公告，并将在定期报告中披露公司、控股股东、实际控制人、董事、监事、高级管理人员关于公司回购新股、控股股东及实际控制人购回股份、赔偿损失等承诺的履行情况，以及未履行承诺时的补救及改正情况
江苏天奈	回购首发新股	回购价格为发行价加同期银行存款利息	督促实际控制人购回已转让的限售股，价格为发行价加同期银行存款利息与购回公告前 30 个交易日股票加权平均价孰高者
晶晨半导体	回购首发新股	未上市，自中国证监会、上交所或其他有权机关认定本公司存在上述情形之日起 30 个工作日内，按照发行价并加算银行同期存款利息回购全部新股； 已上市，自中国证监会、上交所或其他有权机关认定本公司存在上述情形之日起 5 个工作日内制定股份回购方案并提交股东大会审议批准，通过上海证券交易所交易系统回购本公司首次公开发行的全部新股，回购价格将以发行价为基础并参考相关市场因素确定	若违反本承诺，不及时进行回购或赔偿投资者损失的，本公司将在股东大会及中国证监会指定媒体上公开说明未履行承诺的具体原因，并向股东和社会投资者道歉；股东及社会公众投资者有权通过法律途径要求本公司履行承诺；同时因不履行承诺造成股东及社会公众投资者损失的，本公司将依法进行赔偿

续表

简称	承诺	具体方法或措施	追加保证或措施
和舰芯片	回购首发新股	发行人将在中国证监会认定有关违法事实后3个交易日内启动依法回购首次公开发行的全部新股所需的相关程序及工作。回购价格按照发行人股票发行价格加同期银行存款利率确定	若发行人违反上述承诺，发行人将在股东大会及中国证监会指定报刊上公开说明未履行的具体原因并向股东和社会公众投资者道歉
烟台睿创	回购大股东已转让限售股	本企业将在该等违法事实被证券监督管理机构、证券交易所或司法机关等有权机关最终认定之日起5个工作日内根据相关法律法规及公司章程规定制定股份购回方案，采用二级市场集中竞价交易、大宗交易、协议转让、要约收购以及证券监督管理机构认可的其他方式购回已转让的原限售股份。 购回价格为首次公开发行股票的发行价格加上同期银行活期存款利息	
江苏北人	回购首发新股	回购价格根据相关法律法规确定，且不低于首次公开发行股份的发行价格	若上述购回承诺未得到及时履行，本公司将及时进行公告，并且本公司将在定期报告中披露公司承诺的履行情况以及未履行承诺时的补救及改正情况。 大股东将利用发行人的控股股东地位促成发行人依法回购首次公开发行的全部股票

续表

简称	承诺	具体方法或措施	追加保证或措施
安翰科技	回购全部首发新股	未上市的，新股发行价加同期银行存款利息； 已上市的，新股发行价加同期银行存款利息和董事会公告前10个交易日平均交易价格孰高者	明确约定就股票回购议案召集董事会、股东会召开程序，表决规则，以及控股股东投赞成票
科前生物	混合承诺：购回首发新股及已出售限售股	披露了董事会、股东会召集日期	若发行人违反上述承诺，发行人将在股东大会及中国证监会指定报刊上公开说明未履行的具体原因并向股东和社会公众投资者道歉

资料来源：9家公司招股说明书。

值得注意的是，上市公司可以督促大股东履约，但是在没有契约约定的情形下，无法强制大股东履约。

第二份承诺，大股东、实际控制人的承诺

回购股份的承诺首先应针对大股东已转让的限售股，也可以涵盖首发新股，以便在公司没有履约能力的前提下追偿实际控制人的责任。要件当然也应该包括标的数量、价格、实施方案、公司法人股东是否履行了审批程序、实施方案的保证措施、不能按规定实施方案后的具体处罚、限制措施等（见表16）。

表 16　9 家股东相关承诺摘录

简称	承诺	具体方法或措施	追加保证或措施
宁波容百	购回已转让限售股	未约定价格	督促上市公司购回首发新股； 承诺不因本人不再作为发行人实际控制人等原因而终止； 如本企业 / 本人非因不可抗力原因导致未能履行公开承诺事项，需提出新的补充承诺或替代承诺并接受如下约束措施，直至新的承诺履行完毕或相应补救措施实施完毕： （1）在股东大会、中国证监会或者上交所指定的披露媒体上公开说明未履行的具体原因并向股东和社会公众投资者道歉； （2）不得转让公司股份。因继承、被强制执行、上市公司重组、为履行保护投资者利益承诺等必须转股的情形除外； （3）暂不领取公司分配利润中归属于本企业 / 本人的部分
利元亨	购回已转让限售股	回购价格不低于届时发行人股票二级市场的价格	本公司将督促发行人依法回购其首次公开发行股票时发行的全部新股。 若本公司违反上述承诺，在违反上述承诺发生之日起 5 个工作日内，暂停从发行人处取得股东分红（如有），同时本公司持有的发行人股份将不得转让，直至本公司按上述承诺采取相应的回购或赔偿措施并实施完毕时为止
江苏天奈	购回已转让限售股	价格为发行价加同期银行存款利息与购回公告前 30 个交易日股票加权平均价孰高者	督促公司回购首发新股，回购价格为发行价加同期银行存款利息

续表

简称	承诺	具体方法或措施	追加保证或措施
晶晨半导体	购回已转让限售股	未有时间价格条款	极力促进发行人回购首发新股。 如未履行承诺，本公司 / 本人将在发行人股东大会及中国证监会指定媒体上公开说明未履行的具体原因，并向发行人股东和社会公众投资者道歉，并在前述认定发生之日起停止领取现金分红，同时持有的发行人股份不得转让，直至依据上述承诺采取相应的赔偿措施并实施完毕时为止
和舰芯片	混合承诺回购首发新股和已转让老股	回购价格按照发行价格加同期银行存款利率确定	如未履行承诺，实际控制人向股东和社会公众投资者道歉，并在违反上述承诺发生之日起 5 个工作日内，停止在发行人处领取股东分红，同时承诺人持有的发行人的股份将不得转让，直至承诺人按上述承诺采取相应的购回或赔偿措施并实施完毕时为止
烟台睿创	购回已转让限售股	违法事实被最终认定之日起 5 个工作日内根据相关法律法规及公司章程规定制定股份购回方案，采用二级市场集中竞价交易、大宗交易、协议转让、要约收购以及证券监督管理机构认可的其他方式购回已转让的原限售股份。购回价格为首次公开发行股票的发行价格加上同期银行活期存款利息。若本人购回已转让的原限售股份触发要约收购条件的，本人将依法履行相应程序，并履行相应信息披露义务	同时本人将督促发行人依法回购其在首次公开发行股票时发行的全部新股。 本人以发行人当年及以后年度利润分配方案中应享有的分红作为履约担保，且若本人未履行上述购回或赔偿义务，则在履行承诺前，本人直接或间接所持的发行人股份不得转让

续表

简称	承诺	具体方法或措施	追加保证或措施
江苏北人	购回已转让限售股	本人将自中国证监会确认相关事实之日起10个交易日内依法购回首次公开发行的全部股票	若上述购回承诺未得到及时履行，本人将及时告知公司，由公司进行公告，如果本人未能履行上述承诺，将停止在公司处领取股东分红，同时本人直接/间接持有的公司股份将不得转让，若转让的，转让所得归公司所有，直至本人按上述承诺采取相应的购回措施并实施完毕时为止。若法律、法规、规范性文件及中国证监会或上海证券交易所对本人因违反上述承诺而应承担的相关责任及后果有不同规定，本人自愿无条件地遵从该等规定
安翰科技	购回首发新股和已转让限售股	未有时间价格条款	按照投资者直接遭受的可测算的经济损失选择与投资者和解、通过第三方与投资者调解及设立投资者赔偿基金等方式积极赔偿投资者由此遭受的直接经济损失。在股东大会及中国证监会指定报刊上就未履行上述赔偿措施向股东和社会公众投资者道歉，并按监管部门及有关司法机关认定的实际损失向投资者进行赔偿
科前生物	购回已转让限售股	规定了实际控制人应制定股票购回方案提交上市公司董事会披露	在股东大会及中国证监会指定报刊上公开说明未履行的具体原因并向股东和社会公众投资者道歉； 返回最近一年分红； 如未返回分红，可以在之后年度扣发分红至足够最近一年分红

资料来源：9家公司招股说明书。

我们以最初的9家科创板发布的招股书为例，发现在大股东承诺中还存在或多或少的问题，比如不清楚法人股东类似承诺是否已获得公司授权，有些是大股东未承诺回购已转让的限售股，还有的股东保证措施比较随意，等等。需要注意的是，大股东无法直接要求发行人回购股票，只能承诺在股东会、董事会的表决中应起的作用。

在各家公司披露的信息中，可以看到有些失误应该属于中介机构引用相关资料时犯的错误，他们的工作应该再细心一点。

最后，建议监管部门可以要求发行人和大股东、实际控制人将各自承诺的要件统一，中介机构要认真把关，把好事做好。

警惕科创板“原始股”

国内证券市场每一次设立新板块时，都会有人借东风向不明真相又想发财致富的投资者兜售“原始股”，创业板有过，新三板有过，纳斯达克、伦交所、地方股交中心都有过。

“科创板”无疑是未来一段时间最火的题材，相信这次类似的事情又会换汤不换药地卷土重来。可以预见的场景就是：

1. 隔段时间就会出现一版广为流传的所谓科创板“名单”；

2. 在一些中小城市，出现兜售科创板拟上市企业原始股的现象，购买者可能还是中老年朋友以及不懂投资的百姓；

3. 在专业投资者、专业投资机构群里，出现大量所谓今年下半年报科创板、明年上半年报科创板的融资商业计划书（BP）。

本书在此要特别说明一下：

1. 上交所反复强调：没有所谓科创板名单，目前自媒体的流传名单主观上是在蹭流量，客观上会起到为骗子推波助澜的作用。上交所就是要告诉大家不要相信所谓的“名单”，历史上，多次推出新板块时，其实都没有所谓的“名单”。

2. 科创板虽然对上市企业的经营业绩包容，但是定位却很精确，普通人能接触并且有机会投资的公司里，99.9% 是不符合科创板定位和上市条件的，机会并非唾手可得。

3. 笔者做过统计分析，历史上，美国三大交易所最高峰时有8000多家上市公司。经过多年退市，现在维持在5000家上市公司的量级。

目前，国内A股市场拥有3700多家上市公司，并有近400家中概股在海外或境外上市。如果中国像美国一样出现8000家场内上市公司，那么未来我们还有4000家上市公司名额。考虑退市情形，未来10年能有8000家上市公司名额就属于乐观估计了。

可是在国内注册登记的个体工商户和企业家数是超过一个亿的，所以无论上科创板，还是目前A股的主板、中小板、创业板，获得门票的机会其实都是万里挑一，并非唾手可得。

4. 科创板允许亏损公司上市，退市制度也很严厉，对于普通投资者来讲确实也孕育着高风险。

基于上述4条理由，请读者们知晓：

一级市场的股权投资其实非常专业且风险很高，如果投资者既没有专业能力，又不会有那么多的机缘巧合，就要对所谓的科创板“名单”、科创板“原始股”的推销行为提高警惕，少些冲动，就能减少上当受骗的机会。

投资者要相信：天上没有馅饼，即使有也砸不到自己头上，努力工作才是正途。

专业投资者、投资经理也应该认真研究科创板的定位，不要因“科创”俩字降低投资标准，几年前说要上市的公司多了，但最后其股票都成了难以出售的存货，寻找好公司并在合适的价格买进才是投资的真理。

最后呼吁良知媒体，对所谓“名单”的发布一定要慎之又慎，不要为吸引流量一不小心变成为虎作伥的“坏人”。

操盘

——流动“颗粒”与估值之“锚”

没有可怕的深度，就没有美丽的水面。

——尼采

但凡名画，都藏着很多画家的巧思。比如《清明上河图》的“画眼”虹桥，在一片繁荣的景象中，在画幅中央安排了桥上桥下的两起紧急事故，令人浮想联翩。

多年来，我们的资本市场改革，一直都在摸着石头过河，科创板亦如此。随着时间的推移，改革步入深水区，在没有石头辅助的情况下，我们需要深度提炼一些历久弥新，经得起时间检验的规律或理论，作为指导未来前行的工具。

这也是本书对于鉴赏科创板“画卷”时设置的巧思，值得市场人士细细探讨。欢迎你加入我们，体验思考的乐趣！

流动性与“颗粒度理论”

下面这部分内容是关于市场流动性的论述，涉及的内容比较宽泛和繁杂，涵盖了证券市场建设的诸多方面话题。

在股票市场，我们所提到的流动性（Liquidity）主要是指参与交易的资金是否匹配股票供给量，既包括流通市值（已购买了股票的资金），也包含场外资金（还在股票账户里准备随时入场的资金）。

流动性既可以描述整体股票市场买卖活动的难易，一个高流动性市场的特点是市场上在任何时刻都有买家和卖家；也可以用来描述个股，我们常说某只股票流动性很差，就是指该股票很难按理想价格卖出，流动性差的股票多是小盘股或高度控盘的庄股，不适合大资金运作。

从国内来看，除少数参与过海外投行、投资业务的资深人士外，投资者们认为资本市场就应该是A股这个样子，具有极高的流动性。其实，只要近距离观察一下港股市场，投资者就会理解A股市场的流动性有多好。而国内参与过新三板投资的投资者较容易对企业在科创板开板后的流动性提出疑问。

将来一旦全面实行注册制，会不会给中国资本市场的流动性带来巨大考验呢？

在投资者和拟上市企业匹配标准的组合上，A股是企业高准入门槛和投资者低准入壁垒的极端代表；新三板则相反，是企业低准入门槛和投资者高准入壁垒的极端代表，这样的组合在全球市场可能无出其右者。

科创板绝对是幸运儿，在此之前，中国证券市场有了主板、创业板的运作经历，还有新三板6年的运作经验。这些板块成了我们特别好的观测对象，让我们得以近距离观察，并用逻辑推理和实证研究的方式来探寻资本市场流动性的真谛。

股票市场的流动性到底该怎么理解？

直观和形象一点说，流动性好可以体现在两个方面：

1. 表现之一，是指大资金大举买入或者卖出时，冲击成本较低，不会造成股价的大幅波动；

2. 表现之二，代表市场有较好的交易“深度”，只要买方或者卖方可以接受交易价格波动，都可以迅速入场买入或者脱手自己持有的股票。

新三板市场很多股票即便一天波动50%，也不会带来更大的交易量，个股依然买不进卖不出，这就表示市场在流动性方面出了问题。

一个市场整体的流动性如何，核心是挂牌企业和上市公司的质地。按照前文提到的企业四象限模型的分析，只有大市值的公司才具备资金大举买入和卖出的基础，才有高流动性的基础。也只有以大市值公司为主构成的市场才有大资金参与的价值，才能构筑比较高的流动性。这个道理很容易理解。

笔者对流动性的解读还有另一个理论，叫作“颗粒度理论”。

什么样特性的东西易流动?

看看身边物质的特性，很容易理解：颗粒度越小的物质流动起来越容易。空气很容易流动，水很容易流动，沙子虽比水的流动性差，但是在有高度差的情况下也能滑动，石块的流动就比较困难，一旦流动起来就麻烦了，估计是泥石流。

股份制改造就是在法律上把公司的权益变成“小颗粒”，把整体难流转的财产变成标准的可分割的一股一份的股票，为财产能“流动”做好准备，但这只是法律意义上的。当公司股东只有几个人的时候，此时股票的分割并不充分，单个股东持股数量较大，类似于把一个大石块敲成了几小块，股票的流动性自然是不充裕的。

想要提高流动性，这些股份还需要进一步分割，需要引来更多的股东，这个过程是相对困难和漫长的，需要原始股东愿意卖，将股份拿到市场上“出售”，也需要外来股东对公司价值的认同，否则卖出去谈何容易?

资本市场的解决之道是让公司 IPO，比如我们的 A 股市场，核准制给予了上市公司一定的官方背书，以增强投资者信心，一次性给公司扩充出千万个股东，而且这些新增股东对公司股票没那么惜售，他们手中的股票就是流动性较高的“沙子”，稍有波动，就自然流转起来。这部分股票流动顺畅了，大股东手中的大量股票也会随着时间推移而逐渐开始流动。上述内容表述的就是股票的流动性原理。

从公司规模角度分析，股权分散度的内涵为：规模越大的公司越容易被极度分散，小公司天然不具备分散条件。因为大规模公司股本大，可流通股份也多；而小公司股本小，可流通股份自然就少。更不用说上市之初，大股东持有的股票都有锁定期，上市公司可流通股本就会大受影响。因此，流通股数量越多，股东人数越多，其股票的流动性就越好。

此外，投资资金也可用“颗粒度理论”解释。大的投资机构决策审慎，其投资资金体量大，不易流动；但只要参与的投资机构数量足够多，大体量资金的流动就不是问题。此外，投资机构的大体量资金也可以借散户之手来分散，以维持整个市场的活跃度。

从实证的角度分析，A 股很多小市值公司没有任何投资者准入壁垒，但近些年的流动性也在持续恶化，一天成交不了几手的状况时有发生。很多新三板挂牌公司的质地远高于 A 股上市公司，但是由于这类公司的股权得不到充分分散，又几乎没有自身特色，无法组成特定板块，当然就很难吸引大资金的注意力，这类公司的流动性相比 A 股同类公司就要差很多。

科创板的流动性

20世纪80年代，美国资本市场孕育了一波慢牛走势，上涨趋势持续到2008年前后，以金融危机为标志开始进入调整窗口期，支撑这波慢牛走势的背后主力是想象空间和盈利空间巨大的科技类公司。

中国证券市场自诞生以来，一直被诟病缺少科技元素。所以，如何用金融手段支持创新，如何令资本市场与科技进步紧密联系是科创板的重大话题。同时，科技企业是科技进步的主体，也是资本最青睐的“物种”，著名的科技企业往往市值巨大，具备较高的流动性。

科创板是场内市场，天然具有IPO公开发行制度，方便上市企业股权分散。目前，市场对科创板流动性的一切担忧，均与科创板所强调的定位息息相关。

从市场建设的角度来说，如果科创板坚持以“科技大大板”为自身定位，这个市场就具备了高流动的基础；反之，如果是很多机构预测的“科技小小板”集中营，那么市场的流动性和成功可能就值得商榷。

科创板开板之初，万人瞩目，机构和个人投资者参与热情高涨、参与者众多是符合预期的，这个阶段无论大小市值公司均可以享受开板初期的流动性红利。不过在开板之后的数年里，科创板的流动性会分化，拥有大市值基础的公司将吸收绝大多数流动性，而小市值公司将逐渐丧失流动性，逐步被边缘化。

估值这件事儿

科创板有规定，企业申报上市时需公布预计市值。那么此时投资者需要问自己的问题就是，这个预计市值是如何估算的？这就牵涉到估值问题。

不过需要注意的是，估值和定价是两回事。定价有很多指标可以辅助，比如大家熟悉的 PE 指标，这是在绝对估值不易计算的情况下，市场采取的一种简便方法。不过，PE 这种指标属于相对定价法，用该方法定出来的是价格，而不是估值。

举个例子，假如一家企业在 2015 年上市，速度快一点就赶上大盘 5000 点的火爆时期，慢一点就遇到大盘 2500 点的低迷时期。假如 2014 年公司净利润为 1000 万元，上半年股市火爆，大家觉得值 50 倍市盈率，那总市值就为 5 亿元；下半年股市转熊，大家只能给 10 倍市盈率的估值，总市值就变成了 1 亿元。总市值上下半年相差很大，但是公司的内在价值却是不怎么变的。因此，我们可以这么来看估值，估值 = 内在价值（不变）+ 市场因素（可正面可反面）。

估值，是一个永远都独具魅力的话题。因为投资者对企业价值的看法，从来就没有一定之规。不同行业，不同商业模式，会导致企业价值千差万别；不同阶段，比如初创期、风投期或上市前，同一企业也会有不同的价值；甚至同一时间，同一企业，在不同的市场，价值也会不同。比如同样的公司，在美国上市和在国内上市，价值肯定是不一样的。

因此，估值的重点在于一个“估”字，企业价值是估算的，是预测的，企业被评估出来的价值不会是一个肯定的结论。也正因为如此，企业的估值对普通投资者来说，极具迷惑性。而估值方法论常会“砸来”PE、PB、PS、PEG、EV/EBITDA、DDM、DCF 等一堆专业名词，更是让人无所适从。

估值定价的第一性原理

想透彻理解估值这件事，我们就要从估值的内在逻辑入手，即我们在探讨企业价值的时候，究竟指的是什么？

是股市收盘后的市值吗？是资产负债表上的净资产吗？还是企业的赚钱能力？以上说法当然都有道理，但是也都很片面。以上的 3 个视角，可以总结为企业的 3 种价值：1. 市场价值，这是股市收盘后，企业在市场上得到的市值，是资本市场对企业的定价；2. 账面价值，即股东投入的钱，体现在资产负债表上的所有者权益一栏，这是在法律和会计意义上，真正属于股东的可量化的价值；3. 内在价值，即企业怎样通过运营，让钱生钱。

另外，想要全面地考察企业价值，有人认为不仅要考量股权价值，还要考量债权价值；还有人认为不仅要计算企业现值，还要挖掘企业未来的增长潜力。这些当然都有道理，都是评估企业价值的视角。

在理论界，对于企业价值，有一个完美的定义——企业的价值等于企业在未来时间内能赚到的自由现金流的折现值。为什么企业价值要用现金流来衡量？因为归根结底，资产的价值来自资产可获得的预期现金流。以大家最熟悉的买房为例，为什么学区房的单价那么贵？除学区房的增值空间大之外，主要是学区房可以收取高租金。从现金流的角度来看，学区房作为投资品产生的现金流就非常可观。同理，投资公司也是要寻找未来现金流充沛的公司。

不过对公司而言，情况又会复杂一些。公司需要融资、借债来经营，把资金投入原材料或生产设备上并制造产品卖出，然后回笼资金。上述内容只是异常简化的公司运营流程，真实的公司经营要比这个复杂1万倍。上述简化过程只是想说明，公司投入生产的资金都是有成本的，公司最后赚回来的钱要扣除各种各样的成本，最后剩下的，才是公司可以自由支配的。

从会计的角度分析，公司的现金被分成三类：经营活动产生的现金，投资活动产生的现金和筹资活动产生的现金。融资来的现金可以投入生产经营或者投资中去，经营和投资赚来的钱则用来归还债主、纳税和给股东分红。而之后剩下的现金，就可以理解为自由现金流，也就是完美企业价值定义中提到的自由现金流。

笼统地说，自由现金流是指一个企业在满足了短期和长期生存压力之后的可以自由支配的现金流。再具体一点，自由现金流是指企业满足了再投资需要之后剩余的现金流量，这部分现金流量是在不影响公司持续发展的前提下可供分配给债权人和股东的最大现金流量。

也许有读者会问，自由现金流和利润有什么区别？区别还是很大的，利润高的企业未必自由现金流充足，因为有可能存在大量应收账款，在这种情况下，利润的含金量是不高的。比如沃尔玛就可以先卖货，然后再给供货商货款。对供货商而言，就存在大量的应收账款。而同一家供货商，面对沃尔玛和私人小超市的情况是不同的，对沃尔玛可以先卖货而不收款，对私人超市则可以要求对方先预付货款再发货。与供货商以及私人小超市相比，沃尔玛的经营现金流状况就要好很多。

此外，企业为了维持盈利能力，也会投入资本性支出。而自由现金流要在经营现金流的基础上扣除资本性支出。比如快递企业会不断更新自动分拣货物的机器设备，甚至购置智能机器人代替人工拣货；比如超市也需要不断更新结算设备，配备无人结算系统方便顾客。这些资本性支出均会影响一家企业的自由现金流状态。

因此，判断一家企业的赚钱能力，利润是不可靠的，自由现金流比较可靠。于是现金流折现模型（DCF）就诞生了，该模型是投资领域应用最广泛的模型之一。该模型认为，企业价值就是未来若干年每年自由现金流折现值的加总。

同时，现金流折现模型承认企业的生命周期，该模型的第一个假设条件就是，将企业估值分为两个阶段：价值创造阶段和永续经营阶段。而这两个阶段的自由现金流折现计算，需要分别考虑息前税后营业利润、企业增长率、投入资本回报率和资本成本等因素。

由此我们可以看到，DCF 模型建立在大量复杂参数的基础上，而其中任何一个参数的微小变化，都会引发最终计算结果的巨大变化。在绝大多数情况下，自由现金流折现模型里的永续经营阶段的价值占了模型里股票价值的很大比重，大于价值创造阶段。而且这个永续经营阶段的价值对折现率非常敏感，将折现率下调 1%，整个公司的估值可能上升 1 倍。

因此，该模型的意义在于指导投资中的定性分析，而不能真的拿这个模型公式去计算企业估值，毕竟不是所有公司都是可口可乐，该模型对未来 3 ~ 5 年财务数据预测值的准确性非常低，更不要提永续期的预测。

于是，有人笑称："DCF 模型就像一台天文望远镜，这些假设的参数如果偏差一点点，那么我们看到的可能就是另一个星系了。"的确，DCF 模型是科学方法，它把现实世界抽象为数学模型，基于一些假设，得出一个近似准确的结果。DCF 模型的伟大贡献在于，它给了我们一种科学的评估企业价值的思路，指导我们如何去定性地分析一家企业。

综上，评估一家企业的价值，首先要关注自由现金流，而自由现金流很大程度上与企业投入资本的回报率有关。其次，要选择处在价值创造阶段的企业，这个阶段的企业价值才高。因为企业在不同的生命周期，所取得的回报率和成长率都是不同的。可以这么说，现在投资中很多公认的理论，都是由 DCF 模型的价值原理推演而来的，比如护城河、高客户黏性等。

DCF 模型应用之管线估值法

DCF 模型虽然在实践中应用起来很麻烦，但针对创新药企，该种估值方法颇受业界认可。未来科创板有很大一部分席位是留给创新药企的，因此，了解创新药企的估值方法就很有必要。

管线估值是一种很形象的说法，创新药企研发的每种药品都有自己单独的管线，在每条管线里，药品从研发走向市场，要经历很多关卡，每道关卡都有失败率，一旦失败，以前的所有研发投入和时间成本全部前功尽弃。只有顺利通过最后关卡的药品才会投入市场并产生收入，从而给公司带来自由现金流。因此，把每条研发管线药品产生的自由现金流贴现加总，再和公司现有产品估值相加，就是创新药企的估值。

在这个过程中，我们需要注意的是创新药的行业特点。投资者先要了解新药的研发进程与各阶段成功率。一般而言，新药研发需经历 3 个阶段，然后向药品监管当局提交申请，最后获得批准。德勤曾经做过一个新药临床研发成功率的统计，第一阶段通过率最高，达 63.2%，因为第一阶段只需对药品进行安全性而不是效用性测试。第二阶段的成功率最低，只有 30.7%，因为第二阶段开始进行药物的效用性测试，标准会更加严格。第三阶段进入了研发的最关键阶段，该阶段金钱和时间的投入成本都最大，对投资回报率有着决定性的影响，而成功率有 58.1%。对一种新药来说，从第一阶段一路平稳走到最后获批，成功率仅为 9.6%。

因此，高度依赖一两种研发新品的公司对于投资者而言可能意味着高风险，因为一旦研发失败，公司的所有投入就会打水漂。而同时进行多种新品研发的公司，这种失败的风险就要小于只有一两种新品的公司。并且，同时进行多种新品研发，也从另一角度表明了公司的资金实力，即有充足的现金流用于支撑研发开支。

药品不同于其他商品，它有一个销售峰值，是指该药品投入市场后，可以达到的一个最大化的销售收入。对于新药而言，会在投入市场后的 3~4 年快速达到销售峰值，然后随着竞争对手的加入，销售峰值慢慢回落。销售峰值的计算公式见图 10。

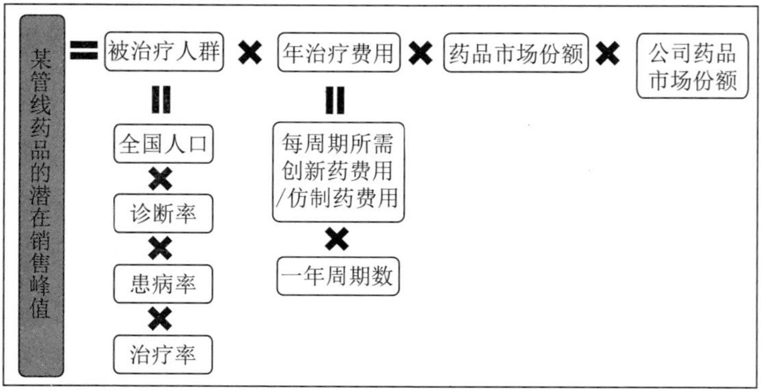

图 10　销售峰值的计算公式

资料来源：德勤。

了解了创新药企的这些特点，我们就可以计算各管线未来产生的销售收入，根据公式得到自由现金流，再进行折现，得到净现值，将各管线的净现值加总，就是这家创新药企的企业价值。

相对估值法

在投资界，公司估值的方法有绝对估值法和相对估值法。以上 DCF 模型就是绝对估值法的一种，采用折现的方法，有假设，有参数，计算很复杂。而相对估值法则是一种乘数法，简单易行，种类很多，PE、PEG、PB、PS、EV/EBITDA、PCF 等都属于相对估值法。相对估值法因为使用起来简便，更多地应用于实际的股票定价中。其中 PE 估值法是相对估值法的核心方法，其余方法都是由 PE 法衍生而来，例如：

- PE 除以百倍的年利润复合增长率就可以得到 PEG；
- 市值 P= 净利润 ×PE= 主营业务收入 ×PS= 所有者权

益 × PB=PCF × EBITDA；

■ 企业价值倍数 × EBITDA=EV。

接下来，本书将详细介绍 PE、PEG、PB、PS、EV/EBITDA、PCF 等估值方法。

PE

PE 是市盈率，用公式表达为 PE=P/EPS，P 是公司股价，EPS 是每股收益。我们将公式进行变形，分子、分母同时乘以股数，那么 PE= 市值 / 净利润，进而市值 = 净利润 × PE。因此可以看出，PE 代表一个倍数，这个倍数表示投资人投资了这家企业后，多少年可以回本。例如，有家企业市盈率是 100 倍，那就代表一旦投资这家企业需要一个世纪才能收回投资。

这样的估值逻辑隐含了这样的一个假设，即企业会以某个利润水平一直这样平稳地经营下去，中间不考虑业绩增速，也不考虑企业的净资产或负债。那么什么样的企业才会符合这样的假设？那就是盈利相对稳定且受周期影响小的行业，如食品行业、公共服务业、道路运输业。

PE 方法虽然简单易行，但存在严重短板。短板就是 EPS 很容易造假。在企业利润中，有很多不可持续的、一次性利润。这种利润是违背 PE 的估值逻辑的，因为 PE 估值法需要的利润是长期的、可持续的利润。想更好地使用 PE 方法，就要对目标企业进行调账，去掉一次性、不可持续的利润。

PEG

PEG 用公式表达为 PEG=PE/（年利润复合增长率 ×100），

PEG=PE/GF，PE 为未来预测的市盈率，分母一般以未来 3 ~ 5 年预测的每股收益复合增长率计算，PEG 法是由 PE 法衍生的估值法。通俗解释一下，PEG 的逻辑可以理解为市盈率相对利润增长的比率。如果 PEG>1，股价被高估可能性大；如果 PEG<1，股价可能遭到低估。和市盈率法一样，此法同样不能用于净利润为负的企业。

PEG 方法是一种预测，也是一种判断，判断的是 PE 指标的合理性，这个方法的精髓在于，市盈率是否合理可以依靠公司的增长率来判定。潜台词是如果该公司市盈率与增长率相同，那么其股票价格是合理的。举例来说，如果一家公司过去 3 年的年利润复合增长率约为 25%，那么 25 倍的市盈率是合理估值，也即：25/（25% × 100）=1。

使用 PEG 法要避免一个误区，由于都是预测值，不可以点带面，PEG 值小就是好公司、PEG 大就是坏公司的绝对化判断不可取，需要用动态的眼光来看待企业发展。

PB

PB 是市净率，用公式表达为 PB=P/BPS，P 是公司股价，BPS 是每股净资产。我们将公式进行变形，分子、分母同时乘以股数，那么 PB= 市值 / 净资产。PB 估值的逻辑是从公司清算的角度出发，公司的市值相比公司净资产的倍数越小，安全边际当然就越高；反之越是被高估，安全边际就越低。一般来说，每股净资产相对稳定，在企业盈利状况不稳定时，PB 通常会作为一种参考指标使用。

PB 法没有考虑公司的成长性，也无法准确衡量无形资产的价值，不太适用于净资产规模小的企业。除了以上不足之处，使用该方法估值的时候还需要避开一些“坑”。首先，净资产不能单纯用总资产减去负债得出，还要进一步减去商誉，虽然商誉在财务报表上算是资产，但在实际清算时，可能一文不值。其次，所有者权益也可以操纵，如果公司回购股票，就是所有者权益里的减项，所有者权益就变少了。另外，分红的多少，也决定所有者权益。

PS

PS 是市销率，用公式表达为 PS=P/SPS，P 是公司股价，SPS 是每股销售额。我们将公式进行变形，分子、分母同时乘以股数，那么 PS= 市值 / 主营业务收入。PS 估值逻辑在于，判断一家公司长期是好是坏的财务指标应该是“稳定”呈现的销售额，而不是“不稳定”呈现的利润。所以，PS 特别适用于尚未盈利但企业营业收入稳定、持续增长的企业，或处于成长期、业务规模正在扩张的企业。科创板允许尚未盈利的企业上市，PS 法可以作为估值的一个重要参考。

PS 方法的局限表现在成本上涨时，虽然收入还在增长，但是企业利润下滑严重，现金流量也会受到影响，从而对企业生存不利。此外，简单使用 PS 方法剔除不了关联销售的影响，有关联销售的情况下，需要更深层次的财务分析去拆解销售收入。

下面，我们来看 PE 的公式，PE= 市值 / 净利润，而净利润 = 营业收入 × 净利润率，因此 PE= 市值 /(营业收入 × 净利润率)=(市值 / 营业收入) ×（ 1/ 净利润率 ）=PS/ 净利润率，或 PS=PE × 净利润率。因此，净利润率高，PS 就会高，故使用 PS 指标时，可以结合净利润率来看。

EV/EBITDA

EV/EBITDA 又称企业价值倍数，分母和分子的概念均从并购实务中产生。

EV 是企业价值，注意，此概念包含市值，但不等同于市值，用公式表示为 EV= 公司市值 + 负债 + 少数股东权益 + 优先股 - 现金以及现金等价物。EV 概念来自收购行为中成本的认定，可以把 EV 理解为并购行为的总成本。在并购活动中，收购方买来的不只是资产，还有收购标的的负债，这等于提高了并购的成本，所以要增记 EV；而被收购公司的现金以及现金等价物在收购之后落入了收购者的口袋，这等同于降低了收购者的收购成本，所以要减记 EV。这种估值法在计算过程中加入债务因素，等于提供了一个更为准确的收购估值。

EBITDA（息税折旧摊销前利润）是杠杆收购的产物，在 20 世纪 80 年代中期，也就是美国杠杆收购大繁荣时期，EBITDA 被很多私人公司大量使用，后来成了对账面亏损企业进行评估时大家所广泛使用的概念。

EBITDA 用公式可以表示为，EBITDA= 净利润 + 所得税 + 固定资产折旧 + 无形资产摊销 + 长期待摊费用摊销 + 偿付利息所支付的现金[①]，EBITDA 的构成元素包括净利润、所得税、利息支出，还包括折旧和摊销。

其内在逻辑为，一家企业在真实经营中，除净利润之外，所

① 百度百科：EBITDA。

得税很容易受当地政策的影响。以美国为例，由于企业所处地区不同，企业所面对的各州法律也不尽相同。利息是一种融资成本，与主业经营应该分开讨论，且利息极容易受管理层的融资政策影响，折旧和摊销则取决于管理层的管理风格，而且是非现金支出。

EBITDA 受欢迎无非是忽略了一些主观因素并统一了分析口径，剔除了财务处理手段对于净利润的影响，并呈现了企业真实的价值创造能力，大致反映出了一家公司的经营性现金流状况，所以 EBITDA 成了高财务杠杆公司在计算利润时的一种选择。

EV/EBITDA 的分子部分 EV 对于企业价值的考察更为全面，不仅考虑了企业的市值，还考虑了企业的负债，把企业当作一个整体来看待。作为分母的 EBITDA 指标可以较好地避免杠杆扭曲、不同会计规则扭曲和非核心业务扭曲造成的影响。

EV/EBITDA 和 PE 都属于相对估值法，也都是反映价值与收益比值的指标，但 EV/EBITDA 相比 PE 实用性更强。

PCF

市现率（PCF）是股票价格与每股现金净流量的比率，如果将公式适当变形，PCF 也可以理解为公司的总市值除以公司现金流量表中代表现金净流量的现金及现金等价物净增加额。从公式角度来看，其实 PCF 的分母部分就是上面提到的 EBITDA，因此，市现率也可理解为总市值与 EBITDA 的比值。

PCF 越小，表明上市公司经营压力越小，从现金流的角度来说，公司极有可能被低估。相对于市盈率中的利润而言，市现率指标中的现金净流量更能反映企业的真实经营情况，也更难被操控。毕竟企业自由现金流才是公司能够真正分配给债权人和股东的资产。在实操中，市现率常常和市盈率指标结合，用来一起判断成熟企业的估值是否合理。

市现率提供了一个全新视角，帮助人们来认识市场价格和内在价值出现差异的原因。有些看起来市盈率很低的企业，考察其现金创造能力之后，就发觉股价并不便宜。有些企业市盈率看起来较高，结合其现金创造能力来看确实又很便宜。通过这些对比，就可以解开投资世界的很多谜团。PCF 的不足之处在于，如果企业的自由现金流为负，则 PCF 指标失效。

科创企业估值方法论

"估值是技术也是艺术"充分体现了估值的难度，而科创企业的估值就更是难上加难。有人曾经开玩笑说，科技企业的估值是世界性难题。现在这道难题交给了中国，中国科创板企业究竟该如何估值，对于这个复杂问题本书也试图提出自己的解决方法。出于谨慎原则，仅仅采用一种方法明显是不够的，故本书认为，应采用多方法并用的原则进行估值分析，综合判断。

为了能把问题简单化，姑且把估值法先按照传统归类的方法分为收益法、市场法、成本法。接下来我们用一张正态分布图囊括这 3 种估值方法，并假设所有具有公众属性的公司都会落入一个正态分布区间（见图 11）。

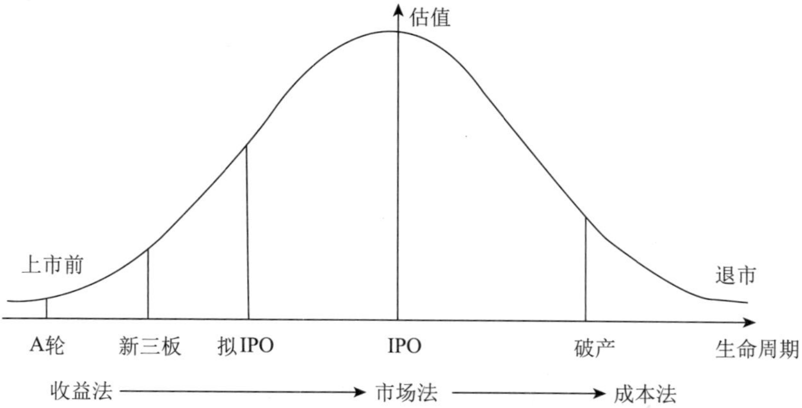

图 11　收益法、市场法、成本法的使用示意

资料来源：参照《戏说并购：八阶课程讲透并购要点》第 250 页图 7–1 绘制。

盈利企业

对于已经盈利的企业，目前主流方法是采用市场最熟悉的 PE 方法来估值，当然也会结合 PEG 和 DCF 方法综合判断。

如果简单地把估值法分为收益法、市场法、成本法，那么按照图 11 所示，对进入成熟期的企业可以直接采用市场法估值。

对于未上市的企业来说，企业并未进入成熟期但是进入盈利期，是可以采用收益法来进行估值的，自由现金流贴现模型很适用这类企业，接近成熟期的企业未来现金流预测难度会逐渐缩小。

除绝对估值法之外，相对估值法尤其是 PE 法也会派上用场，进入盈利期企业的行业地位往往已经非常稳固，财务数据也较为稳定，可以从较为静态的角度对其进行估值。

PE 估值法严格说比较适合有稳定盈利的公司，高科技类业绩稳定的公司同样也适合采用市盈率法。以苹果公司为例，进入成熟期后，其估值水平很长时间维持 12~15 倍 PE。谷歌搜索引擎商业模式已经比较稳定，营业收入以广告收入为主，其近 8 年估值水平维持在 25 倍 PE 左右。微软作为全球最大的 IT 软件公司，目前估值已经接近 30 倍 PE。

未盈利企业：财务数据的盲区

由于科创板的上市标准对未盈利科创企业敞开了大门，因此，尚未盈利企业的估值方法需要具体问题具体分析。如图 11 所示，这类企业位于正态图偏左侧，只不过尚未盈利，估值方法偏重市场法可能就未必准确。

首先，我们要明确一个问题，科创板企业为什么未盈利？比如医药类企业，前期往往需要大量的研发投入，而且回报周期也会比较长，大量的无形资产和正在研发的技术不能反映在企业净资产指标之中，其净利润可能被研发费用抵销。不过，总会有营业收入吧，在这种情况下，可以选择 PS、EV/SALES、EV/EBITDA 等估值方法来对企业进行估值，这些方法都是从收入角度和现金流角度来进行估值的。

其次，在相对成熟的美股市场，重资产企业更倾向于采用 EV/EBITDA 方法，而相对轻资产的则主要采用 PS 方法，比如 Facebook，多年来 PS 一直稳定在 15 倍左右。

估值是技术，也是艺术，体现在科技类公司上，投资者对于一些非财务类指标也需要重视，财务数据无法说明公司的科创属性。例如，知识产权数、科研人员占员工总数的比例，以及研发支出占总支出的比例等。在估值时，有时候科创企业的非财务类指标往往更有利于判断其投资价值。

互联网企业的估值

互联网企业利用生态赚钱的理念，使其估值具备更大想象空间，该观点备受各路资本认可，从产业角度看，互联网行业的兴衰对上下游企业的拉动作用也至关重要。如果说伟大的互联网公司只可能在人口大国诞生，那么中国这个人口大国则最应该享受互联网的“大国红利”。

但是，互联网行业一个最大的特点就是“瞬息万变”。互联网企业的业绩特点是，不仅波动性大，而且持续性差，在估值方面存在较大不确定性。同时还应看到，互联网创业门槛不高，优秀的创意，加上资本市场资金的助推，就可以颠覆传统商业模式。

以流量为增长源头的互联网企业的发展都有“临界点”。“临界点”之前，企业的发展靠资本驱动；“临界点”之后，企业奠定了行业中的地位，付费用户逐渐增加。互联网企业突破发展“临界点”往往通过两家巨头的并购行为产生，除了 IPO 之外，合并后的企业也可以成为行业“寡头”。

“临界点”之前，企业尚无盈利，但是一轮轮融资和并购都会为估值提供线索。那么互联网企业登陆资本市场的估值又该如何去评判呢？

不得不承认，纳斯达克对成长型科技类公司的估值可谓相当激进，而国内还是偏保守的，纳斯达克对互联网公司的估值方法值得科创板借鉴。例如，PS 估值法和用户估值法。

PS 估值法，是指没有盈利但是有营收的公司可以用 PS 估值法来判断企业价值，比如京东等企业。另外，纳斯达克市场以流量为主的互联网企业采用的都是以用户为中心的估值法。只不过有的比较简单，比如通过市值 / 用户数来估值；有的就比较复杂，比如巨头 Facebook 主要采用了基于平台用户价值、用户流量增长、点击率等多因素相结合的估值法。

总结

介绍了如此多的估值方法后，需要再次强调——估值是艺术，不是技术。而且，对一家科创板企业估值时，本书有两个建议：第一，与其孤立地使用一种估值方法，不如多种估值方法综合混搭，比对一下不同方法导致的不同结果之间的差异，再做出自己的估值决定。第二，了解行业而非财务数字是科创板估值的关键，每个行业都有自己行业的特点，科创板重点支持六大行业（见表 17），了解这些行业是把科创板变成自己投资盛宴的重要步骤。

在估值这件事儿上，重要的不是方法，方法只是个工具。最考验估值基本功的还是行业分析，不同行业有不同的细分领域和产业链，采用估值方法时需要综合考虑估值对象处于产业链上哪个位置，竞争对手有哪些，实力如何，技术水平怎样，等等。比如芯片产业，设计环节和生产环节的营运模式完全不同，设计环节往往是轻资产模式，生产制造环节重资产模式则更多一些。因此，芯片设计企业和芯片制造企业的估值方法肯定不同。行业分析是了解企业估值的捷径，没有行业分析，就很容易“只见树木不见森林”。

表 17 科创板重点支持的六大领域及细分行业

相关领域	具体行业
新一代信息技术	主要包括半导体和集成电路、电子信息、下一代信息网络、人工智能、大数据、云计算、新兴软件、互联网、物联网和智能硬件等
新材料	主要包括先进钢铁材料、先进有色金属材料、先进石化化工新材料、先进无机非金属材料、高性能复合材料、前沿新材料及相关技术服务等
高端装备	主要包括智能制造、航空航天、先进轨道交通、海洋工程装备及相关技术服务等
新能源	主要包括先进核电、大型风电、高效光电光热、高效储能及相关技术服务等
节能环保	主要包括高效节能产品及设备、先进环保技术装备、先进环保产品、资源循环利用、新能源汽车整车、新能源汽车关键零部件、动力电池及相关技术服务等
生物医药	主要包括生物制品、高端化学药、高端医疗设备与器械及相关技术服务等

资料来源：中国证监会网站、上交所网站。

换个视角看估值

科创板的估值泡沫

有效估值 VS 无效估值

什么是有效估值？

使大量股东都可以达成交易，或者是少数非特殊关系股东执行的、能达成一定数量级金额的交易所对应的估值才可能是有效估值。请注意：有效估值并非一定是合理估值。这也就意味着，在种种因素限制下，有效估值也是有泡沫的。不同的市场环境企业估值差距很大，但只要符合上述条件，都应该是有效估值。

举两个例子来解释无效估值的含义：

案例一：

一个小企业，有人给予 1 亿元估值，并且愿意以这个估值投资 100 元钱，这就叫无效估值。100 元钱虽有点极端，但是我们确实看到很多仅以百万元资金投入，却支撑对外宣称的数亿元估值的案例。

案例二：

一个企业本来正常估值 10 亿元，但是流通股很少，零星地以 1 亿元估值的价格成交了 1000 股，那么这 1 亿元也属于无效估值，因为投资者在这个价格水平上无法大量买进；同理，即便有 1000 股是在 20 亿元价格水平上成交的，也无法说明股票价格真涨了。案例二的现象在三板市场大量存在，其实也是捡漏的机会，只是大家觉得没意思罢了。

A 股的无效估值

案例二在 A 股市场是不是发生过呢？有近似的案例：

20 世纪 90 年代初，市场中有一只股票很特别：申能股份。它的流通股非常少，控盘容易，但是总股本很大，对股票指数影响很大，所以申能股份作为一个特殊的品种，就经常成为多空博弈的工具，因为可以通过控制申能股份来控制指数。这时候，小流通市值、大的总市值，其本身的估值定价就有了大量的非业绩因素的成分。后来，随着上海石化上市，申能股份的地位被上海石化取代了。

其实，从更大范畴来讲，在股权分置改革之前，A 股都是有这个特色的，大家经常拿这时候的估值进行国际比较，其实是得不出什么有效结论的。

之所以引出有效估值和无效估值的概念，主要是为了让读者能够更清晰地理解与科创板相关的估值问题。

科创板股票在开板后的一年里根本无法避免高估

以科创板第一股华兴源创为例，信息如下：

1. 发行后总股本不超过 40,100 万股；

2. 本次拟公开发行股票不超过 4,010 万股，不低于发行后总股本的 10%；

3. 本次保荐机构跟投的股份数量不超过本次公开发行股份的 5%，即 2,005,000 股；

4. 根据目前部分证券机构给出的询价区间建议，公司发行市值在 100 亿元左右。

根据上述信息，公司上市之初实际流通股为 3800 万股，属于市场完全可以认同的“小盘股”，即便券商跟投的部分全部进行转融券处理，扣除网下机构被锁定半年的仓位，公司的实际流通股也不会超过 4000 万股。

一个百亿市值股票，仅有 10% 不到的流通市值，在比较悬殊的供求关系下，其估值水平大概率具有较大泡沫是合理预测，股价大幅波动也属于合理预测。这是不以大家的美好意愿为转移的。

仔细研读目前申报的科创板企业，可以发现大市值、少数流通股的状况并非个案，这也是笔者之前曾经建议交易制度索性“T+0”的主要原因之一。因为“T+0”制度下可以近似认为市场供给是无限的，市场价格有自平衡机制，对平抑价格是有一定好处的。但是因为科创板最终采用了“T+1”的交易制度，所以，大家要对市场的估值泡沫和巨幅波动给予一定容忍度，这才是市场。

市盈率崇拜何时休

2019 年 7 月 10 日晚间，随着瀚川智能等 7 家公司发行价的确定，科创板首批 25 家公司的发行价全部水落石出。

市盈率之尺

长久以来，国内 A 股市场的上市标准是以净利润指标为准绳的，所以，新上市公司的估值全部可以以市盈率为尺度，A 股市场绝大多数上市公司的估值也可以用市盈率来衡量，监管部门和研究机构在审视个股价值的时候也最偏好二级市场市盈率比价法。

可以说，市盈率指标是国内传播最广泛的一个估值指标。

由于科创板从宣布到规则出台，再到发行询价，整体经历的时间周期非常短，导致首批科创板企业大多是之前已经按照A股上市标准进行筹备的企业。目前25家企业全部盈利，导致事实上这些企业的发行定价全部可以计算出市盈率（市盈率计算要求盈利为正，盈利为负的企业无法计算市盈率指标）。

这在今天看来是正常的，可以理解的；但是对照科创板建设的初衷，长期来看却是不正常的。

在科创板众多上市标准里，只有第一套标准是确定的盈利标准，也就是说，只有第一套标准使用市盈率估值会更有可比性，而以其他各类标准上市的企业，用市盈率标准来衡量其价值可能会有失偏颇。

根据我们的统计，2011年以来，在美国各年度IPO案例中，上市前净利润为负的公司占比家数全部超过50%，在2018年更是超过70%。在这个背景下，市盈率定价法适用空间会大大压缩，其他各类估值手段和方法会被大量采用。

从科创板非常鼓励的生物医药、集成电路、新一代信息技术等产业来看，未来必然会有大量非盈利企业申报上市，届时，可比市盈率法就只能在特定的范围使用。那时，无论是发行还是交易，市盈率崇拜可能就会弱化很多。

首批上市公司的发行市盈率水平应该如何解读？

从首批 25 家上市公司的发行结果来看，最高的发行市盈率（均为扣非前）为中微公司的 170.75 倍；最低的发行市盈率为中国通号的 18.18 倍。平均市盈率为 49.21 倍，中位数为 42.38 倍，约 70% 的发行市盈率为 30 ～ 50 倍，还是比较集中的。

一时间，上述现象引发了大量投资者口诛笔伐，认为科创板发行市盈率偏高，要对其加以批判。

那么到底该如何看这个市盈率水平？笔者觉得可以有以下几个视角：

1. 科创板发行市盈率跟之前发行市盈率相比。

总体来看,科创板发行市盈率相比大家熟知的23倍市盈率(原 A 股发行市盈率）确实高了不少，从平均数和中位数角度来看，现在的发行市盈率几乎是原来发行市盈率的一倍。

但是，原来的管制发行市盈率也恰恰是大家诟病很多，存在大问题的地方。近几年管制市盈率下新股上市涨幅情况如下：

- 2017 年，共有 438 家公司登陆 A 股市场，新股上市平均获得 9 个涨停板，平均开板涨幅约为 265%；
- 2018 年， A 股市场共有 105 只新股上市，新股连续涨停天数平均值为 7.55 天，平均涨幅也在 260% 左右；
- 2019 年前 4 个月，A 股市场新上市公司 37 家，平均连续涨停天数 7.47 天，平均涨幅 270%。

如果对标 A 股新股连续涨停表现，目前科创板首批发行市盈率的中位数和平均数对应连续涨停板 3 ～ 4 天，较 3 年来 A 股市场的开板市盈率是有一定折让幅度的。（有两点注解：1.A 股市场首日停板的幅度是44%；2. 科创板前5日无涨跌停板限制，对比天数仅为测算用。）

2. 科创板发行市盈率跟二级市场交易市盈率相比。

我们未来的预期是新股上市没有确定的套利空间（请注意，不是绝对没有），或者偏离度很大，有的新股上市大赚，有的新股上市直接跌破发行价。

所以，理论上，新股发行市盈率长期来讲跟二级市场可比公司的对比似乎更合理一些。

根据我们的统计，截至2019年7月10日，A股3631家公司静态市盈率平均数为46.37倍，中位数为37.14倍。创业板静态市盈率平均数为56.54倍，中位数为48.65倍。首批科创板发行市盈率的平均数和中位数正好位于全A股和创业板的统计数之间（见表18）。

表18 2019年7月10日，科创板、A股、创业板市盈率的平均数和中位数

	科创板 发行市盈率	A股 交易市盈率	创业板 交易市盈率
平均数	49.21	46.37	56.54
中位数	42.38	37.14	48.65

资料来源：Wind。

考虑到首批科创板企业素质较高，业务扎实，高效率募资带来的企业现金资产含量较高，募资投向未来可能产生的业绩增长，我们并未发现科创板首批上市公司的发行市盈率跟目前二级市场的市盈率相比，出现明显溢价。机构投资者报价还是相对理性的。

3. 留点耐心，相信市场的力量。

注册制环境、市场化定价，一定会慢慢引导市场、引导投资者走向成熟。未来，18 倍市盈率的股票未见得就值得买入，170 倍市盈率的公司也未见得不可以长期投资。

不要因为某市场有百倍市盈率的股票就以为该市场很投机，也不要以为某市场有个位数的市盈率就觉得其有投资价值。

要看主流、关注成长，不要因为主流媒体或者自媒体报道的个案就简单下结论。因为媒体挑极端个案报道才能吸引注意力，但吸引大众眼球的东西未必就可以指导专业投资者行动。

类似发行市盈率水平会否持续？

几年来，公司在 A 股市场上市后，股价走势呈现如下显著特点：上市 3 个月，总体保持非常高的估值和换手水平；之后大多数个股进入慢慢下跌状态；伴随小非解禁，股票供求关系变化会导致股价大跌；随着大非解禁，上市公司的流通市值和总市值相等之后，市场才会进入常态估值阶段。

应该说，个股在大小非上市前，其实是保持着股权分置的特色，估值容易畸形，流通股占比越低，畸形情况越严重，这也是规律。

科创板是个新板块，全市场在一年内都处于股权分置状态，市场关注度又高度集中，前 5 日没有涨跌停板也容易吸引短线注意力，所以科创板市场估值走入常态，还需要时间。

这不以人的美好意志为转移，唯望监管部门有些监管定力，“让子弹多飞一会儿”再下结论。

所以，科创板高发行市盈率的现象能维持多久，要看科创板新股上市的走势，市场会自发进行调节。打新很赚钱，大家未来中签报价就会激进一些；出现打新亏损案例，市场再报价就会保守一些。

笔者倒是希望尽快出现破发案例，这方面也希望监管部门同样保持定力。只要不违法不违规，就不要急着下手干预。

PE估值的新公式

上市公司估值是门艺术，但是我们依然可以通过一些科学方法进行描述。

理论上，所有企业的估值都可以采用PE估值法。只是稳定盈利的企业更适合静态PE方法，亏损企业和业绩剧烈变动的企业可以用动态PE方法。

而在某个时点的PE值，我们也许可以用下面这个公式来推导：

PE=1/（无风险收益率＋该股票风险补偿率）

公式推导过程：PE=P/E=1/（E/P）=1/股票预期收益率=1/（无风险收益率＋该股票风险补偿率）

长期从事资本市场工作的专业人士，都比较了解无风险收益率[①]，风险补偿是每种股票因为风险不同，应该给出不同的价格折扣。一个股票的风险越大，市场应该给出的价格折扣就应该越

① 无风险收益率（Risk-Free Rate of Return）是指把资金投资于一个没有任何风险的投资对象所能得到的收益率。在我国股市目前的条件下，关于无风险收益率的选择实际上并没有统一的标准。在国际上，一般采用短期国债收益率来作为市场无风险收益率。

高，或者说风险补偿率就越高。

风险包括各类风险，比如流动性风险，以及公司倒闭导致股票价格归零的风险。

不同市场，风险补偿率大不同

在核准制环境下，由于上市的“门票”很贵，所以一直以来市场中的“壳”都有价格。

在很长的周期里，如果证券市场不做全面的注册制改革（这种可能性很小，所以我们的注册制试点是以“新辟板块、增量改革”的方式进行的），一只受市场欢迎的A股壳市值会在10亿～20亿元有较好的支撑[①]。

这个特点决定了A股市场股票价格归零的风险是很小的，也可以理解为，A股市场股票的风险补偿率要求不高。由市盈率的计算公式可知，风险补偿率低，市盈率就会高。因此，我们看到A股市场小市值公司具有超高市盈率的现象比比皆是。

在科创板的注册制环境下，退市严格，程序简单，借壳严控，导致公司股票价格归零和接近归零的风险极大增加，所以对这部分风险补偿率要求会大幅提高。

因此，由市盈率计算公式可知，风险补偿率高了，市盈率自然就低。那么，我们也可以得出结论，科创板市场中的小市值股票具有超高市盈率的现象将会大大减少，我们投资科创板时一定要注意这个问题。

① 关于壳问题的论述，有兴趣的读者可参见《金融不虚：新三板的逻辑》第291页“市值含壳率”一文。

科创板的例外情况

但是科创板也会出现例外情况：

科创板“三个面向”的定位，决定了科创板会有一批面向国家重大需求和战略需求，但从经营数据上看却非常不理想甚至岌岌可危的公司，这些公司作为国家的重要竞争手段和资源，在特定环境下也会出现某种托底式市值、营收和现金流。

理解这种情形，我们才会理解未来科创板可能出现的超高市盈率、畸形市盈率，大家对这个问题也就没必要口诛笔伐了。

重要战略竞争资源

试举几种情形让大家加深对重要战略竞争资源的理解：

例如，国内如果没有某个公司的出现，类似的产品和服务就完全被国外垄断，在特殊时期会引起国内相关产业经营业绩的大幅波动或出现亏损。对照 2018 年我国与其他国家的贸易纠纷背景下，国内出现的类似情况，大家应该比较容易理解。

稍微隐蔽一点的情形是，因为国内出现了一个供应商，打破了国际垄断，会导致：

1. 该产品国内供应价格雪崩，或者国外企业在我国实行全球最低价格。虽然国内的这个供应商利润很薄甚至依然大幅亏损，但是整个行业却完全受益，社会效益远大于这个企业自身的亏损。

2. 由于本土供应商的出现，使该类产品马上从发达国家对中国出口管制、贸易禁运的名单中剔除，极大地提高国内行业整体的装备水平、技术水平。这个问题相信很多装备制造业的从业人士都曾遇到过。

其实，无论在什么样的上市制度下，除去前面列举的部分情形，如果一个企业已经有足够大的社会影响力，企业倒闭会对社会民生产生重大影响，就会出现大而不倒被政府托底式救助的情况（比如我国历史上出现的乳品行业危机）。

那么，一些著名的龙头企业就会出现在一定市值水平上被赋予足够低的风险补偿率，导致虽然看似估值昂贵、市盈率畸形，但却恰恰成了非常好的投资对象。

数据的谎言

平均数谬误

科创板为网下打新活动制定了很多新的规则，概括起来就是网下打新规则较原A股网下询价方式变得更加“牌照化+技术化”。同时，上述变化也带来了一些产品设计和资金配置的机会，对网下打新规则的研究对投资者来说是必要的和有意义的，或者说是有商业价值的。

在科创板开板之前，在参考了大多数机构的研究报告，并认真进行了科创板网下打新规则的研究之后，笔者发觉，科创板市场的公募基金对打新收益的测算逻辑是：预测发行总量—预测平均涨幅—预测平均中签率—再测算打新收益率。

本书认为，上述逻辑整体上有问题，出现了平均数谬误。虽然公募基金的方法和结论可以参考，但实践中必定产生巨大偏差。

部分券商还用了大量精力做网上申购的模型研究。例如，个人持仓市值多少，中签率如何，一年平均打新收益率1%还是0.8%等。应该说逻辑似乎没大错，成果却不堪用。因为网上摇号既没有技术含量又不是比例配售，反倒像买“彩票”，万分之几的中签率，中了就是绝对收益，还挺高，没中收益就是0。

例如，如果你们公司只有两位员工，总经理年薪100万元，你的年薪1万元，你们公司平均年薪50.5万元，这种平均数有多大意义？

此外，还可以从以下两个方面看平均数谬误问题：

1.GDP增长了10%，你的财富是否增加了10%？

2. 股票指数上升了10%，你的股票市值是否也增长了10%？

在万分之几的中签率下讨论投资者平均收益率，在有和没有之间进行平均的做法是没有意义的。但是，这个存在于目前科创板研究领域的现实话题，非常有助于我们理解整体市场的平均数谬误问题。

有以下几个变量导致了网下打新收益率的不均衡分布。换言之，打新，并不是普惠的。

打新收益率在时间上的不均衡分布

新股应尽快批量供给，以打破炒作的基本逻辑。创业板开板数据的统计结论证期，科创板推出的前几个月会出现新股的批量发行情况。而股票发行节奏对网下打新的年化收益率影响非常大，不参与最早的批量发行，投资者的全年收益率完全无法保证。

打新收益率在基金规模间的不平衡分布

由于网下申购有顶格限制，大公募基金的收益率会被严重稀释。我们自己的统计发现，2018 年到 2019 年 5 月，超过 75% 的公司网下顶格申购规模低于 1 亿元。而在 2016 年，超过 60% 的公司网下顶格申购规模低于 1 亿元，近 1/3 的公司顶格申购规模低于 6000 万元。

网下申购规则是比例配售，如果基金规模大于顶格申购规模，则打新收益率就被基金规模稀释。可以近似地认为：一亿元规模公募基金的科创板打新收益率是 2 亿元基金规模的 2 倍，是 3 亿元基金规模的 3 倍，以此类推。

报价无效导致的收益率不均衡分布

“最高 10% 报价被剔除，同时，报价低于最终定价的被剔除。”该条款值得认真研究，因为报价管理水平高的机构会完全胜出。由此带来的收益无法被平均，就是 100% 和 0 的关系。

哪里的事情变得更专业了，哪里的专业服务就有附加值了，这基本是事实。科创板新规，使打新活动也变得不再普惠。专业、专心、专注，而不是无所谓，才可能获得好的回报。

总体法 & 算术平均法

有时候大家会很好奇，查阅 Wind 时，发现沪市板块整体的市盈率才 13.1 倍，而为何有些机构算出的同期市盈率却说成是 46.37 倍。是不是搞错了，而且两者差异这么大?

其实，投资机构往往采用简单的算术平均数或者中位数方法，而 Wind 采用的是整体法。两者的计算结果本身都没错误，只不过谈的问题不同罢了。

整体法的含义是将整个市场视作一个大公司，将所有股票的市值相加，同时将所有公司的利润相加（一般会剔除负利润），然后让两者相除来计算市盈率。而算术平均的计算方法是平均市盈率 = 所有股票市盈率之和 / 股票只数。

算术平均法也好，整体法也罢，其实在使用过程中都会受到极端样本的巨大影响，都有参考意义，但也都存在一定的缺陷。

例如，以科创板首批 25 家上市公司来讲，整体法计算市盈率就会受到中国通号这家公司的巨大影响，该公司 2018 年实现净利润 37 亿元，几乎占了科创板首批 25 家上市公司整体净利润 74.9 亿元的一半，而它的发行市盈率仅为 18.8 倍。

按整体法计算，科创板首批上市公司的发行市盈率（2018 年静态、发行后摊薄）为 31.52 倍，发行前市盈率不到 27 倍，与中位数和平均数方法得出结果相比，差别还是蛮大的。

如果笔者说科创板首批发行市盈率仅为 30 倍左右，一定会被大家批评得体无完肤，因为这跟大家的实际感受差别很大，跟媒体口诛笔伐的 170 倍市盈率的差别更大，但这却是用整体法计算得到的真实结果。

由此想到另外一个话题：某券商 2019 年 6 月底的统计数据来看，沪深 300 的市盈率水平（整体法）为 12.26 倍，而同样方法计算出的标普 500 的市盈率水平是 19.34 倍。直观来看，沪深 300 要比标普 500 便宜不少。但事实上却是“贵”的指数涨得比“便宜”的指数更好。

数据是计算的，没有大的误差；涨跌情况是客观的，大家有感受。但逻辑上不应该是便宜的要涨，贵的要跌吗？问题出在哪里？

诚然，市场涨跌影响因素太多，无法用单一理由来简单解读，但是从指数比较的角度看，未来大家做比较时需要至少对以下几个方面进行分解：

不同板块构成的影响

根据中信证券的一项研究，2018 年，沪深 300 指数中第一大行业——金融业所占市值比重高达 43.8%。而同期标普 500 指数构成中，第一大行业是科技业，占比为 24.2%；金融业是第二大行业，占比仅为 17.6%，这两大行业相加才接近沪深 300 中金融业的市值占比。

而金融业与科技行业的估值差大家自然有体会。因此，脱离行业构成因素讨论整体法估值并以此来指导实践的结果不会太好。

流动性好与差的影响

应该说，国内 A 股市场的流动性是最具普惠意义的，尽管近几年国内不同公司的流动性正在分化。

但无论如何，目前国内小市值 A 股公司的流动性要甩开海外或境外市场同类市值公司“好多条街”，而在没有正常的换手交易的前提下，同类公司估值的偏离度会非常显著，不要讲港股小市值公司的估值水平，我们看身边的新三板挂牌公司，在交易不活跃的前提下，3 倍市盈率和 300 倍市盈率和平共存，可是大家谁也不以为意。

所以，脱离了流动性一致或者近似的前提谈估值也比较容易出偏差。

是否剔除负利润的影响

在科创板推出之前，A 股市场的上市标准以净利润为准绳，不盈利不可以上市，即便科创板推出来了，首批 25 家上市公司也全是盈利的；但是美国上市公司的盈利情况差异很大，同样据某券商的统计，2011 年以来，美股历年 IPO 公司上市前利润为负的公司均超过当年新上市家数的一半，2018 年这个比例更是接近 80%。

虽然很多不盈利的公司有不小的市值影响力，但这些不盈利的公司无法计算市盈率（市盈率的计算公式要求利润为正）。因此，这些无盈利、大市值的公司就无法影响股票市场的整体市盈率统计。换言之，在无盈利、大市值的公司占比较高的市场，对市场整体市盈率进行统计的现实意义就不大。

针对上述问题，推荐给大家一本很老却很经典的小册子——《统计数据会说谎》（美，达莱尔·哈夫著），不要只看到别人的数据结果，还要看其方法，看其假设，看其样本构成是否合理，不要人云亦云，即便计算出的数据是完全正确的，但是结论也许正相反。

远方

——中国资本市场的“黄金时代”

思辩的推理哲学家们付出了那么多痛苦，却常常由俗人自然而然不假思索地形成。

——大卫·休谟

故兵无常势，水无常形。能因敌变化而取胜者，谓之神。

——《孙子·虚实篇》

本章导读

读者读到这一章，我们对科创板“画卷”的鉴赏之旅看似结束，却并未结束。前面我们提到了，科创板“画卷”的独特之处，在于它非静态，而是动态的。

在不断地变化，不断地调整中，科创板期待更多的人参与其中，建言献策也好，投资也罢。只有更多的人投身到这股改革洪流中，我们的资本市场改革才会越来越接近成功。在试错中前行，在前行中试错。不知不觉，每一个微弱的个体，都会成为这幅时代长卷的作者。

历史回眸：新股发行规则梳理

科创板新股发行规则

科创板的新股发行规则融合了很多历史上新股发行规定涉及的元素，但方案更复杂，更具市场化特征，综合整理如下：

1. 科创板新股发行允许向六类战略投资者配售，并设立锁定期。

六类战略投资者包括：

（一）与发行人经营业务具有战略合作关系或长期合作愿景的大型企业或其下属企业；

（二）具有长期投资意愿的大型保险公司或其下属企业、国家级大型投资基金或其下属企业；

（三）以公开募集方式设立，主要投资策略包括投资战略配售股票，且以封闭方式运作的证券投资基金；

（四）参与跟投的保荐机构相关子公司；

（五）发行人的高级管理人员与核心员工参与本次战略配售设立的专项资产管理计划；

（六）符合法律法规、业务规则规定的其他战略投资者。

发行人“首次公开发行股票数量 4 亿股以上的，战略投资者应不超过 30 名；1 亿股以上且不足 4 亿股的，战略投资者应不超过 20 名；不足 1 亿股的，战略投资者应不超过 10 名。”

2. 强制保荐人跟投。

科创板试行保荐机构相关子公司跟投制度。

（一）发行规模不足 10 亿元的，跟投比例为 5%，但不超过人民币 4000 万元；

（二）发行规模 10 亿元以上、不足 20 亿元的，跟投比例为 4%，但不超过人民币 6000 万元；

（三）发行规模 20 亿元以上、不足 50 亿元的，跟投比例为 3%，但不超过人民币 1 亿元；

（四）发行规模 50 亿元以上的，跟投比例为 2%，但不超过人民币 10 亿元。

此外，“参与配售的保荐机构相关子公司应当承诺获得本次配售的股票持有期限为自发行人首次公开发行并上市之日起 24 个月。”

3. 超额配售选择权制度。

科创板允许发行人采用超额配售选择权制度，发行人采用超额配售选择权发行股票数量不得超过首次公开发行股票数量的 15%。

4. 采用网下向七类机构投资者询价制度。

发行人初步询价后可直接确定发行价格，也可通过初步询价制定股票发行价格区间，再通过累计投标询价方式确定发行价格。发行人和主承销商应当剔除拟申购总量中报价最高的部分，剔除部分不得低于所有网下投资者拟申购总量的 10%；并重点参照剔除最高报价部分后公募产品、社保基金、养老金、企业年金基金、保险资金和合格境外机构投资者资金等配售对象剩余报价中位数和加权平均数的孰低值，审慎合理确定发行价格（或者发行价格区间中值）。

5. 网上定价摇号发行。

发行人 IPO 的新股按规则进行战略配售、网下询价配售后余下的部分，进入网上定价摇号发行阶段。

A 股新股发行的八次改革

历史上，中国交易所市场新股发行和认购经历过多种形式，总体上说每个周期都孕育了新的盈利方式和热点。随着科创板和注册制的推出，相信国内对打新模式的创新也即将接近尾声，此时研究和总结一下该问题也是非常有意义的。

让我们简单回顾一下我国资本市场新股发行认购的历史：

初级阶段：对应历史条件的新股认购证（表）

股票认购证（表）是中国证券市场发展初期发行股票采用的主要发行方式，体现了当时新股发行的公开、公平、公正原则，对应了当时的技术条件。

股票认购证最早出现在 1992 年的上海。上交所成立之初，“老八股”在唱独角戏，股票供不应求，形成了有价无市、粥少僧多的局面，因此市场扩容成了当务之急。

兴业房产公司发行新股时，发售地上海江湾体育场已出现提前2天排队的情况，现场秩序也比较混乱。为了避免出现更恶劣的情况，并且要面对1992年尚有10多个新股要发行的现状，当时主管股票市场的人民银行推出了发行认购证方式，股票认购证每份30元，一年内4次摇号，预计共发行10多只股票，认购证采用有限期无限量发行方式，所得款项捐赠福利机构。

1992年，上海股票认购证发行结束后不到2个月，消息灵通人士获悉当年的股票发行量将增至50只，但中签率远没有想象的那么低，于是黑市出现了爆炒认购证现象，后来价格居然暴涨至1万元。事实上，每百张连号的认购证最终的实际收益应该在50万元左右。

与上海相比，深圳的做法大同小异。1992年8月，深圳市人民银行、工商管理局、公安局、监察局发布了1992年新股认购抽签表发售公告，宣布发行国内公众股5亿股，发售新股认购抽签表500万张，居民凭身份证认购，每一张身份证对应一张抽签表，每人一次最多买10张表；然后主管部门将在适当的时候，一次性抽出50万张有效中签表，中签率为10%，每张中签表可认购上市公司发行的股票1000股。

消息一出，举国轰动，当时深圳的常住人口60万，发新股时却涌进了近100多万人，不光人去，笔者深圳的朋友还在全国搜罗购买别人的身份证并寄到深圳参与认购。

1992年8月8日至10日，深圳发售该年度新股认购抽签表。据当时媒体报道，购买者计有120万人，布满了深圳城乡的303个发售点。

8 月 10 日，因售表时出现舞弊行为引发了人们的游行示威。晚上 8 时许，数万人聚集在深圳市政府周围，深南中路交通干线以及市政府门口的道路被堵塞，秩序相当混乱。示威者群情激昂，试图冲进市政府机关大院。时任深圳市委书记李灏在现场果断决定：一定严惩腐败人员；增发 500 万张抽签表，原地发售。示威人群闻讯后自行散去。凌晨，李书记在向中央报告深圳应对这场震惊中外的“8 · 10 风波”所采取的措施时说：“当时我们处在一种除了这个办法就是神仙也挽救不了的局面。”

“8 · 10 风波”带来了两个积极影响：第一，1992 年 10 月 25 日，也就是在“8 · 10 风波”发生两个半月后，中华人民共和国国务院证券委员会及其办事机构——中国证券监督管理委员会诞生了。第二，1994 年 6 月 25 日，海南金盘实业公司率先利用深交所电脑交易系统发行新股，获得了成功。这个办法被沿用至今。

第一次改革：增加与银行储蓄存款挂钩方式和无限量发售申请表方式

在吸取 1992 年股票发行的经验教训基础上，1993 年 8 月 18 日，国务院证券委发布《关于 1993 年股票发售与认购办法的意见》，提出新股发行的两种新方式：

第一、无限量发售申请表方式：在一定期限内，各地无限量发售申请表，根据申请表认购数量与拟发行股票数量，进行公开摇号抽签，中签者按规定要求再办理缴纳股款手续。发售申请表时收取工本费。每张申请表原则上只对应一家企业发行的股票，最多只能对应当年本地发行的几家企业发行的股票，原则上申请表必须印有股票发行企业的名称；

第二、与储蓄存款挂钩方式：各级政府同当地人民银行商定，可按居民在银行定期储蓄存款余额的一定比例配售申请表，然后对认购的申请表进行公开摇号抽签，中签后按规定要求办理缴纳股款手续；或者开办专项定期定额储蓄存单业务，按专项储蓄存单上的号码进行公开摇号抽签；与储蓄存款挂钩发行方式的，其存款期不得超过三个月。

如果说无限量发行申请表方式只是引起了人员的流动，那么与储蓄存款挂钩方式在当时则直接导致了部分区域的银行存款搬家。笔者当年就有朋友提着现金，揣着汇票，到各地存款认购。更有甚者，为了提高资金使用效率，一旦取得认购证，立即在当地转让自己的存单，不仅存款利息不要，更是把存单打折转让以回笼资金。

下面为读者们展示一些笔者收藏的，曾在中国新股发行历史上短暂出现的股票认购证、股票认购申请表、股票专项定期定额存单和社会公众股认购抽签凭证等珍贵历史资料（见图 12 至图 16）。

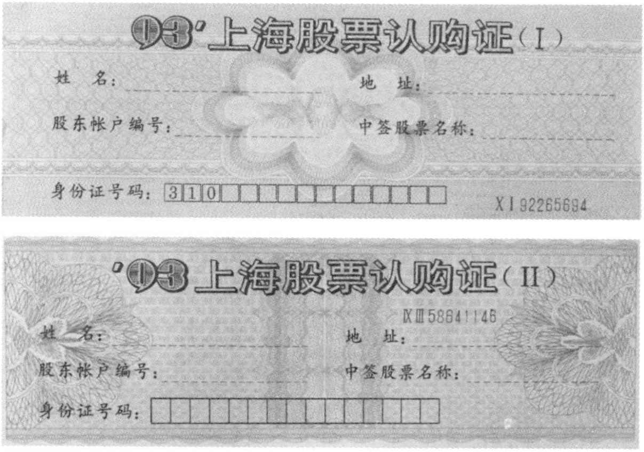
'93'上海股票认购证（I）
姓　名：　　地　址：
股东帐户编号：　　中签股票名称：
身份证号码：310
XI 92265694

'93上海股票认购证（II）
IXIII 58841146
姓　名：　　地　址：
股东帐户编号：　　中签股票名称：
身份证号码：

图 12　上海股票认购证（1993 年版）

资料来源：笔者收藏。

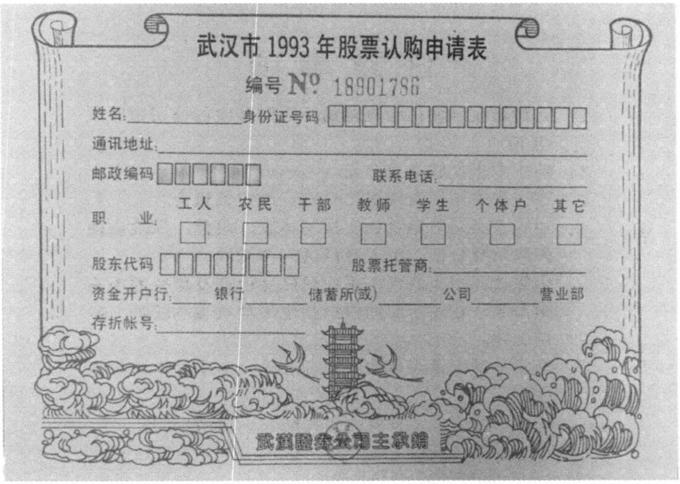

武汉市 1993 年股票认购申请表

编号 №. 18901786

姓名：＿＿＿＿ 身份证号码

通讯地址：

邮政编码 联系电话：

职业： 工人 农民 干部 教师 学生 个体户 其它

股东代码 股票托管商：

资金开户行：＿＿银行＿＿储蓄所(或)＿＿公司＿＿营业部

存折帐号：

武汉证券公司主承销

图 13　武汉市 1993 年股票认购申请表

资料来源：笔者收藏。

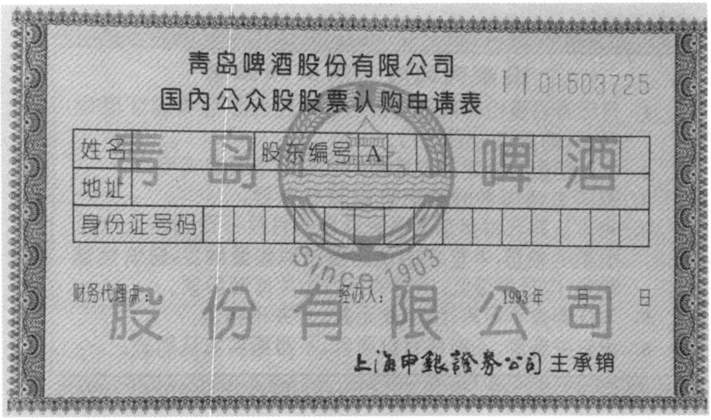

青岛啤酒股份有限公司
国内公众股股票认购申请表

I 1 01503725

姓名		股东编号	A
地址			
身份证号码			

财务代理点： 经办人： 1993年 月 日

上海申银证券公司主承销

图 14　青岛啤酒国内公众股股票认购申请表（1993 年版）

资料来源：笔者收藏。

泸州老窖股份有限公司
股票专项定期定额存单
№ 1257571
伍佰圆
到期日： 年 月 日
经办人：
存 根

图 15 泸州老窖股票专项定期定额存单

资料来源：笔者收藏。

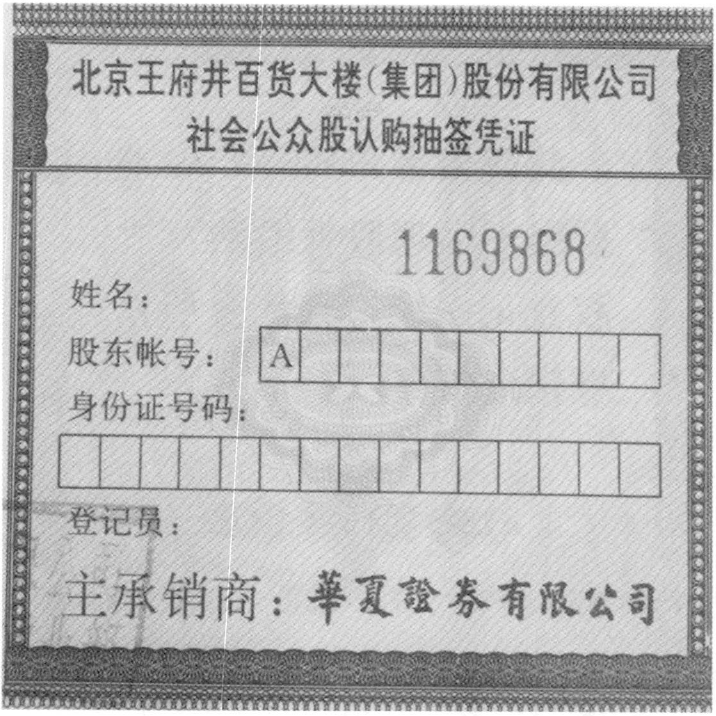
北京王府井百货大楼(集团)股份有限公司
社会公众股认购抽签凭证
1169868
姓名：
股东帐号：A
身份证号码：
登记员：
主承销商：華夏證券有限公司

图 16　王府井社会公众股认购抽签凭证

资料来源：笔者收藏。

第二次改革：首推上网定价方式

1995 年 10 月 20 日，中国证券监督管理委员会下发《关于股票发行与认购办法的意见》的通知，在确定股票发行可继续采用与储蓄存款挂钩方式的同时，推荐采用上网定价方式，经批准也可以进行上网竞价发行的试点。

1996 年 12 月 26 日，中国证监会发布《关于股票发行与认购方式的暂行规定》（证监发字〔1996〕423 号），规定股票发行可以采用上网定价、全额预缴款和与储蓄存款挂钩方式。

上网定价发行方式，是指投资者在申购委托前把申购款全额存入与办理该次发行的证券交易所联网的证券营业部账户，证券交易所在申购期（3个工作日）内冻结所有投资者定价认购的足额保证金，上网申购期内，投资者按委托买入股票的方式，以发行价格，填写委托单。上网申购一经申报，不得撤单。每一账户申购委托不少于1000股。超过1000股的必须是1000股的整数倍，每1000股申购可以获得一个申购号码，凭号码参加摇号抽签。投资者每中一个签，可以购买1000股股票，没中签的，营业部解冻客户参与认购的保证金，所冻结资金的利息归发行公司所有。

这种模式与今天大家熟悉的上网摇号方式就很接近了。

第三次改革：增加“一般法人配售＋战略投资者配售”方式

1999年7月28日，中国证券监督管理委员会发布《关于进一步完善股票发行方式的通知》，首次出现了法人配售和战略投资者配售的方式，通知规定：

一、公司股本总额在4亿元以下的公司，仍按照《关于股票发行与认购方式的暂行规定》（证监发字〔1996〕423号），采用上网定价、全额预缴款或与储蓄存款挂钩的方式发行股票。

二、公司股本总额在4亿元以上的公司，可采用对一般投资者上网发行和对法人配售相结合的方式发行股票。

法人分为两类：一类是与发行公司业务联系紧密且欲长期持有发行公司股票的法人，称为“战略投资者”；另一类是与发行公司无紧密联系的法人，称为“一般法人”。法人配售既可以参与网上一次定价发行，也可以采用先配售后上网发行的方式。一般法人获配的股票需锁定 3 个月，战略投资者配售的部分至少需锁定 6 个月。

在这次改革中，新股发行方式孕育了向法人询价后再定价发行方式的雏形。

第四次改革：出现上网竞价方式

2001 年 5 月 17 日，中国证券监督管理委员会公布了《新股发行上网竞价方式指导意见（公开征求意见稿）》，明确提出上网竞价发行方式，办法指出：

上网竞价方式是可选用的新股发行方式之一，发行量在 1 亿股以下 /8000 万股以下 /5000 万股以下的发行人，建议不使用该发行方式。

上网竞价发行方式的基本规则：竞价发行底价由发行人与主承销商协商确定，申报认购价格以每 0.10 元为一个价格价位，低于竞价底价的申购为无效申购。每个股票申购账户的申购量不低于 1000 股，不高于公开发行量的千分之一。超过 1000 股的须为 1000 股的整数倍。

上网竞价过程中最终发行价格的确定办法：以申购倍率改进法、基准价格法或完全竞价法确定最终发行价格。

2001 年 11 月，新股定价开始使用网上累计投标定价制度，即发行人和承销商事先确定价格区间，投资者在该区间内竞价投标，承销商根据一定的超额认购倍数来确定最终发行价。

第五次改革：出现市值配售新股方式

2002 年 5 月 21 日，中国证监会发布《关于向二级市场投资者配售新股有关问题的补充通知》，通知指出：为完善股票发行方式，促进证券市场稳定发展，证监会曾于2000年发布《关于向二级市场投资者配售新股有关问题的通知》（证监发行字〔2000〕5号）。之后，由于技术原因，此发行方式一度暂停。经过证券交易所及登记结算机构的努力，按市值配售新股的技术条件已经具备，现就恢复向二级市场投资者配售新股补充通知如下：

一、沪深两市投资者均可根据其持有的上市流通股票的市值自愿申购新股。

二、发行公司及其主承销商采用向二级市场投资者配售方式发行新股的，其基本原则是优先满足市值申购部分，在此前提下，配售比例应在50%至100%之间确定。

三、发行公司及其主承销商在招股意向书刊登后，根据市场情况或累计投标结果确定股票发行价格，并以此价格向二级市场投资者配售。

这个通知开了新股发行通过询价定价再加市值配售的先河。

第六次改革：询价制度正式确立，“网下询价配售＋网上定价发行”

2004年12月7日，证监会发布《关于首次公开发行股票试行询价制度若干问题的通知》，正式确立了询价制度的框架。实行“网下询价配售＋网上定价发行”的方式，通知要求：

1. 询价对象是指符合中国证券监督管理委员会（以下简称中国证监会）规定条件的证券投资基金管理公司、证券公司、信托投资公司、财务公司、保险机构投资者和合格境外机构投资者

（QFII），以及其他经中国证监会认可的机构投资者。

2. 发行申请经中国证监会核准后，发行人应公告招股意向书，开始进行推介和询价。询价分为初步询价和累计投标询价两个阶段。发行人及其保荐机构应通过初步询价确定发行价格区间，通过累计投标询价确定发行价格。

3. 发行人及其保荐机构应向不少于 20 家询价对象进行初步询价，并根据询价对象的报价结果确定发行价格区间及相应的市盈率区间。公开发行股数在 4 亿股（含 4 亿股）以上的，参与初步询价的询价对象应不少于 50 家。

4. 发行价格区间确定后，发行人及其保荐机构应在发行价格区间内向询价对象进行累计投标询价，并应根据累计投标询价结果确定发行价格。

5. 发行人及其保荐机构应向参与累计投标询价的询价对象配售股票：公开发行数量在 4 亿股以下的，配售数量应不超过本次发行总量的 20%；公开发行数量在 4 亿股以上（含 4 亿股）的，配售数量应不超过本次发行总量的 50%。

6. 累计投标询价完成后，发行人及其保荐机构应将其余股票以相同价格按照发行公告规定的原则和程序向社会公众投资者公开发行。

7. 询价对象应承诺将参与累计投标询价获配的股票锁定 3 个月以上。

第七次改革：“网下询价制 + 网上不定价”发行方式，建立回拨机制，建立超额配售选择权制度

2006 年 9 月 11 日，证监会发布《证券发行与承销管理办法》，对新股发行方式做出了新规定，并于2009年6月10日发布《关于进一步改革和完善新股发行体制的指导意见》对新股发行制度进行优化，主要内容为：

1. 新股发行需向七类合格投资者询价确定。

2. 询价分为初步询价和累计投标询价。发行人及其主承销商应当通过初步询价确定发行价格区间，在发行价格区间内通过累计投标询价确定发行价格。但是首次发行的股票在中小企业板上市的，发行人及其主承销商可以根据初步询价结果确定发行价格，不再进行累计投标询价。

3. 首次公开发行股票数量在4亿股以上的，可以向战略投资者配售股票，战略投资者不参与询价，锁定期为12个月。

4. 股票配售对象参与累计投标询价和网下配售应当全额缴付申购资金，单一指定证券账户的累计申购数量不得超过本次向询价对象配售的股票总量。

5. 发行人及其主承销商网下配售股票，应当与网上发行同时进行。网上发行时发行价格尚未确定的，参与网上发行的投资者应当按价格区间上限申购，如最终确定的发行价格低于价格区间上限，差价部分应当退还给投资者。

6. 首次公开发行股票达到一定规模的，发行人及其主承销商应当在网下配售和网上发行之间建立回拨机制，根据申购情况调整网下配售和网上发行的比例。

7. 首次公开发行股票数量在4亿股以上的，发行人及其主承销商可以在发行方案中采用超额配售选择权。超额配售选择权的实施应当遵守中国证监会、证券交易所和证券登记结算机构的规定。

第八次改革：允许个人投资者参与网下询价和配售

2013 年 11 月 30 日，证监会发布《中国证监会关于进一步推进新股发行体制改革的意见》，新股发行的市值配售活动再次开启，允许个人投资者参与网下询价和配售，取消网下配售锁定期。意见指出：

1. 网下投资者报价后，发行人和主承销商应预先剔除申购总量中报价最高的部分，剔除的申购量不得低于申购总量的 10%，然后根据剩余报价及申购情况协商确定发行价格。被剔除的申购份额不得参与网下配售。

2. 发挥个人投资者参与发行定价的作用。发行人和主承销商应当允许符合条件的个人投资者参与网下定价和网下配售；网下询价分为三类投资者，A 类投资者一般为通过公开募集方式设立的证券投资基金和社保基金投资管理人管理的社会保障基金，简称“公募社保类”；B 类一般为根据《企业年金基金管理办法》设立的企业年金基金和符合《保险资金运用管理暂行办法》等相关规定的保险资金，简称“年金保险类”；C 类一般为其他符合条件的投资者，简称“其他投资者”，很多为个人投资者。

3. 强化定价过程的信息披露要求。发行人和主承销商应制作定价过程及结果的信息披露文件并公开披露。在网上申购前，发行人和主承销商应当披露每位网下投资者的详细报价情况，包括投资者名称、申购价格及对应的申购数量，所有网下投资者报价的中位数、加权平均数，以公开募集方式设立的证券投资基金报价的中位数和加权平均数，确定的发行价及对应的市盈率等。

4. 网下配售的股票中至少 40% 应优先向以公开募集方式设

立的证券投资基金和由社保基金投资管理人管理的社会保障基金配售。

5. 调整网下配售比例，强化网下报价约束机制。公司股本4亿元以下的，网下配售比例不低于本次公开发行股票数量的60%；公司股本超过4亿元的，网下配售比例不低于本次公开发行股票数量的70%。余下部分向网上投资者发售。既定的网下配售部分认购不足的，应当中止发行，发行人和主承销商不得向网上回拨股票。

6. 持有一定数量非限售股份的投资者才能参与网上申购。网上配售应综合考虑投资者持有非限售股份的市值及申购资金量，进行配号、抽签。

2016年1月1日，证监会发布《关于修改〈证券发行与承销管理办法〉的决定》，对相关规则做出如下微调：

1. 公开发行股票数量在2000万股（含）以下且无老股转让计划的，应当通过直接定价的方式确定发行价格，并应全部在网上发行；

2. 取消新股申购预先缴款制度，新股申购无须缴纳申购资金。

2016年1月5日，沪深交易所发布新股发行细则，详细规定了“市值打新”的具体规则并沿用至今。

Pre-IPO 投资生变

因为A股市场的上市、退市规则一直以来都是以净利润为核心的，所以一家公司如果持续亏损，就会触发退市条件。当然，为了提醒投资者注意退市风险，A股上市公司在退市前会被进行特别的风险警示，就是所谓的“ST 制度”。

众所周知，上市公司被退市后，其价值会大幅降低。但是持续亏损的公司真的就不值钱吗？科创板肯定会改变 A 股市场的这个普遍认知。

由于此前拟上市公司需连续盈利才有资格在 A 股市场上市，我们无法找到一个合适的案例来回答上述问题。不过，新三板有一只个股，可以让我们来重新审视这个问题。

新三板挂牌公司君实生物，主要从事单克隆抗体药物的研发。公司自成立以来收入很低，持续亏损，其中 2017 年亏损 3.17 亿元，2018 年亏损更是高达 7.23 亿元，加上 2016 年也是亏损的事实，君实生物如果是在 A 股市场上市的公司，自然就触发了 3 年连续亏损导致退市的条件，需要实施退市处理。

按一般的理解，退市后这家公司就会贬值。

当然，新三板市场不以利润为标准决定是否退市，所以君实生物一直在新三板市场正常交易，并且市场给出其高达近百亿元的估值。不过，毕竟由于新三板市场交易不够连续，大家对新三板市场给出的价格的社会认同度比较低。因此，一家亏损公司到底值不值钱，值多少钱，新三板市场定价的说服力是不太够的。

2018 年底，君实生物在香港上市，发行了 1.59 亿股，筹资接近 30 亿港元，而且发行后股价持续上扬。截至 2019 年 3 月底，公司股价在 30 港元之上，与新三板市场 30 元人民币的股价非常接近，公司目前市值高达 180 亿元。

有新三板和港股两个市场互相印证，相信大家会理解亏损公司一样可以很值钱这个道理。以君实生物为例，其拥有 17 项在研药品，包括 11 项肿瘤免疫疗法在研药品、两项代谢疾病在研药品、3 项针对炎症或自身免疫性疾病药品及一项治疗神经性疾病药品的研发专利。这些研发成果，是支撑君实生物亏损但高估值的原因所在。

以目前两个市场的表现看，君实生物如果没在香港上市，或许就进入第一批申报科创板的公司名单了。所以，亏损与否不是资本市场给出估值的唯一视角，一个公司能否有好的发展前景，是更重要的另一个视角。

新三板也有“ST 制度”，根据《全国中小企业股份转让系统业务规则（试行）》中“4.2.8”条的规定，挂牌公司出现下列情形之一的，全国股份转让系统公司对股票转让实行风险警示：

（一）最近一个会计年度的财务会计报告被出具否定意见或者无法表示意见的审计报告；

（二）最近一个会计年度经审计的期末净资产为负值；

（三）全国股份转让系统公司规定的其他情形。

根据风险警示第二个条件，目前新三板有一家新药研发企业 ST 泽生也被实施了风险警示，这家公司按照 A 股市场现行标准看，肯定不会被投资机构作为 Pre-IPO 的对象看待。

但是，我们今天有了科创板，科创板上市标准主要是市值。只要投资者愿意埋单，企业就可以上市并获得融资。我们通过公开信息可以发现，ST 泽生在研多款心脑血管、肿瘤治疗等新药，其中治疗心力衰竭的重组蛋白药物——重组人纽兰格林已分别在中国和美国通过二期临床试验。

按照科创板的第五套标准：“40 亿元发行市值 + 通过二期临床”，本书合理预测，只要中介机构愿意推，投资机构也许愿意给 ST 泽生 40 亿元的发行市值。那么，公司在科创板上市似乎也并非天方夜谭。

如果有投资机构对ST泽生进行投资并开展相应的上市运作，那么这就是市场之前流行的所谓 Pre-IPO 投资了。

特别声明：本书做上述分析绝非推荐股票，笔者对生物医药技术非常陌生，也不对上述判断负任何责任。本书只是想通过上述简单分析告诉读者：科创板的推出对私募股权机构的策略和风格将会产生巨大影响，以前的风险投资阶段可能就变成了科创板的 Pre-IPO 阶段。但是，即便你投资的是科创板的 Pre-IPO 阶段，可能仍然无法赚钱，Pre-IPO 投资要变天了。

论证券交易所的激励功能

我们在讨论证券交易所的功能时，一般会认为：

- 对于筹资者来说，证券交易所有较好的融资功能；
- 对于投资者来说，证券交易所有较好的投资功能；
- 对于投资者之间来说，证券交易所有较好的交易功能，可以提高证券的流动性；
- 证券交易所通过交易机制提供良好的定价功能，引导社会资源优化配置。

这些观点都正确。这些功能既有区别，也有内在的关联。这些功能如果有哪部分建设得不好，一定会影响其他功能的实现。同样，如果证券交易所过分强调某方面的功能而忽视其他方面的功能，会导致不均衡的局面出现，那么其最终想要强调的功能也不会完美实现，证券交易所的建设就不会太成功。

经过多年的学习思考，笔者认为应该重新认识证券交易所对全社会的激励功能。

激励的意义

作为定价功能良好的场所，证券交易所可以给予已上市并且能够持续保持优秀，持续创造社会价值的企业家、股东非常高额的激励，让大家不断追求卓越；并通过各种管理手段、各种资本市场工具，把上市公司经营得更好，使其能不断提高劳动生产率，为社会创造更多有用的产品和提供更好的服务。

而对那些表现平庸的上市公司，证券交易所就不会给予高激励；对于表现差的公司，证券交易所会将其淘汰。

对于投资者和创业者而言，证券交易所也是提供最好激励机制的场所。对于优秀的创业者，对于在优秀创业者创业过程中给予扶持和坚守的投资者和核心团队，证券交易所是其最佳的退出场所。证券交易所不仅给予他们超高额的回报激励，表扬他们过往的努力，同时还会塑造市场标杆，激励全社会向他们学习，激励社会涌现更多的创新创业者。

这个激励机制对全社会的影响是非常大的，比大量的行政手段和思想动员来得更具体、更有效、更有说服力。

可以这样说，一个证券交易所给予什么类型企业的激励高，就会引导全社会资金流向相应产业，证券交易所激励作用发挥得越好，就越能培育和塑造更多更好的企业家，培育更多优秀的创业团队，引领更多的社会创新资本。

A股市场的激励功能

我国的交易所市场[①]发展多年，在早期更多地强调融资、国企脱困等功能，激励作用主要体现在对各级政府身上。一个地方上市企业多，对地方的经济引领作用就大，从而执政者的政绩就好，结果当地推动企业上市的热情就越高。

股权分置改革之后，交易所市场的激励功能可以实现得更完整，使更多企业家开始重视守法经营、锐意创新与企业市值之间的关系，从而引领了社会资本大量涌向经营有成的企业。

一时之间，私募股权投资成为流行词汇，随着愿意牺牲当期消费，并能投资期限为5～7年的Pre-IPO阶段的基金大量设立，一方面确实引领了社会储蓄向长期资本的转变，另一方面也确实推动了大量的民营企业走向规范经营。

科创板市场的激励功能

那么，科创板的推出，会对证券交易所的激励作用产生哪些影响呢？

定性地说，我们传统的A股市场，重在激励成功的企业家（尤其是销售型的企业家），重在激励推动企业规范经营的社会资本。在行业和创新等领域，激励的作用会弱一些。

科创板鲜明的定位，使其有了更加鲜明的激励方向：一方面，科创板激励的是“企业家+科学家”的组合，一个企业如果不能

① 此处的交易所市场不含科创板市场。

在科技、研发等方面形成引领，就无法享受到科创板的激励；另一方面，一只基金如果不是主要投资高科技和创新领域，也就不能得到科创板的激励。

这与之前的 A 股市场的激励方向是有重大差异的。科技创新对我们这个时代如此重要，所以，科创板的激励作用正当其时，长期作用更不可小觑。

新三板市场不能忽视激励功能

新三板作为多层次资本市场的重要组成部分，虽然不能被称为“交易所市场”，但是同样应该注意其激励功能的建设和实现。

近几年的实践证明：新三板市场将好企业和差企业混杂在一起，没有显著的、差异化的制度供给，使好企业得不到应有的估值和流动性，其激励功能非常有限。

新三板下一步发展的方向就是注重这方面功能的建设，让好的企业得到足够的激励，从而给暂时得不到激励的企业竖立一个标杆并指明未来发展的方向。

所以，笔者是新三板全面降低投资者准入壁垒的强力反对者，却是新三板建设新层级，对符合条件的企业降低准入门槛，提供差异化发行和交易制度的赞成者。

券商需要革自己的命

参与科创板的中介机构包括保荐机构、律师、会计师等。对于推出科创板并试点注册制，遭受冲击最大的必定是券商。本章节主要探讨科创板给券商带来的影响。

科创板的推出既是中国资本市场的增量改革，也将对整个资本市场的生态圈产生重要的影响，现在我们就通过一些具体规则来推测科创板推出给券商带来的挑战，以及由此带来的券商需要进行的转型。

在传统投行业务模式下，券商的投行与经纪、研究、自营等部门虽然有合作机会，但是由于投行部门的 IPO 工作主要是围绕企业的规范性展开，并主要向监管部门进行说明和展示，导致投行部门与其他部门相对来说联系不够紧密，独立性很强。在这种情况下，需要统筹券商各部门进行集团作战来完成某个项目的情形是比较少见的。

但是，由于科创板的推出，上述状况会有很多改变，现在，笔者将具体结合相应规则逐一说明。

估值在前，定价在后

1. 科创板发行上市有 5 套标准，均包含预计市值内容。

2. 发行人的招股说明书和保荐人的上市保荐书应当明确说明所选择的具体上市标准。

3. 主承销商在路演推介时，应当向网下投资者出具其证券分析师撰写的投资价值研究报告。

4. 股票发行价格确定后，发行人预计发行后总市值不满足其在招股说明书中明确选择的市值与财务指标上市标准的，应当中止发行。

在近 30 年的股票发行过程中，由于发行价格管制，导致券商投行从业人员对公司的估值能力较弱，或者估值能力并没有成为相关业务人员的核心能力，而研究所相关研究员对股票估值和定价的能力更强一些，尤其是在新经济类型企业的估值和国际化视野方面，研究员更胜一筹。

在新规则下，投行人员在承揽项目之初就要面对估值的问题，在材料申报过程、在发行定价前的投资价值撰写过程同样需要面对估值的问题，所以，投行人员与研究人员的高度配合成为必然。

定价产生方式与战略投资者

1. 股票价格的确定由发行人向专业投资者询价产生。首次公开发行股票应当向证券公司、基金管理公司、信托公司、财务公司、保险公司、合格境外投资者和私募基金管理人等专业机构投资者以询价的方式确定股票发行价格。

2. 网下配售股票的比例大幅提高。

3. 对战略投资者关系维护的重要性大幅提高。首次公开发行股票数量在 1 亿股以上的，可以向战略投资者配售。战略投资者配售股票的总量超过本次公开发行股票数量 30% 的，应当在发行方案中充分说明理由。

在科创板新的发行定价机制下，对于机构投资者、战略投资者的开发、服务和维护成为证券公司未来发行承销能力的核心。如果没有战略投资者，没有黏性很好的机构投资客户，则证券公司的发行能力就完全失去保障。发行不佳的表现将导致券商未来承揽项目困难重重直至被市场淘汰。

在这样的环境中，券商对销售部门的建设就非常重要，对销售人员的培养也变得非常迫切。目前，销售人员以及维护买方机构利益的人员主要分布在经纪业务部门和研究所部门，所以，投行业务部门与相关部门的密切合作或者架构重组迫在眉睫。

“保荐＋直投”模式，未来的做市商模式

1. 科创板试行的是保荐人相关子公司的“跟投”制度。

2. 在竞价交易基础上，条件成熟时，科创板会考虑引入做市商制度。

在原有模式下，券商投行部门与发行人在股票发行价格方面的利益是一致的：发行价格越高，大家获益越高。

但是，在券商必须跟投，或者在未来做市环节取得做市库存券源的过程中，发行价格或者券商投资价格的确定将在投行与自营部门之间产生博弈：发行价格高，投行人员获益，发行人满意，但是券商投资将面对较高风险或者较低收益；发行价格过低，券商投资收益较大，但是投行人员和发行人满意度低，持续低价格发行，也将降低公司承揽新业务的竞争力。

所以，如何兼顾市场主体、证券公司整体、证券公司内部不同主体部门的利益，这项工作超越了证券公司以往的经验。

高管战略配售与融资融券

1. 发行人的高级管理人员与核心员工可以设立专项资产管理计划参与 IPO 战略配售。前述专项资产管理计划获配的股票数量不得超过首次公开发行股票数量的 10%。

2. 科创板股票自上市首日起可作为融资融券标的。

3. 科创板已出台不适用于其他板块市场的特定股东（包括控股股东、实际控制人、董事、监事、高级管理人员及核心技术人员）减持规定，未来，科创板还会适时推出特定股东的减持细则。

特定股东的股份减持行为同样考验券商的承销能力，但也增加了券商新的业务机会，也是券商服务好包括发行人股东在内的战略客户的能力所在。

专项资产管理计划同样给券商带来了新的业务机会，甚至涉及结构化产品设计的问题。那么，能否通过好的产品服务好相关客户，既增加客户黏性，又控制好风险，这给券商相关部门提出了新的课题。

科创板上市首日即成为融资融券标的也给经纪部门带来很大挑战，科创板股票上市 5 日内不设涨跌幅，同时股票定价本身也不稳定。如果不提供融资融券服务，客户不满意就会大量流失；如果提供融资融券服务，风险控制尺度又不好把握。

信息披露和持续督导

1. 发行人的招股说明书和保荐人的上市保荐书的披露要遵从充分性、一致性、可理解性。

2. 保荐机构应当跟踪研究上市公司行业、经营、财务、股价等情况，在持续督导期内每半年出具并披露投资研究报告。

科创板的定位决定了很多拟上市公司具有科技含量高、业务模式新颖的特点，这就导致了金融、经济、财务、法律等专业出身的投行人员做充分以及让大众可理解的信息披露并非易事，其寻求行业研究人员的帮助不可避免。

通过上面的讨论，我们可以得出结论：在科创板新规面前，保荐机构的投行部门与资本市场部，券商自营和投资子公司，券商研究所和经纪业务部门之间存在着大量的、新的密切合作空间，又暗含着不小的利益博弈，而这一切合作和博弈又需要处在证券公司整体的风险控制之下。

看来，在科创板市场上，券商的机构及业务流程重塑，人员重组势在必行。券商构建投行、研究、销售、经纪、投资等业务五位一体并叠加风控的格局大概率是需要的。

企业 IPO 的“甜蜜烦恼”

人大多有选择困难综合征。就像改革开放之前，人们的衣服只有蓝、绿两色，那个年代，出门选着装是很简单的事。今天人们的生活水平提高了，有很多女性出门前都要纠结穿哪套服装，如何搭配。

企业去资本市场上市也是一样，以前 A 股市场只有一个盈利标准，根据自己实际情况加以选择即可。现在突然推出了有多套标准（细分后其实有 10 套标准，具体内容可参见本书“内核”一章）的科创板，企业该如何选择呢？

答案其实很简单

首先，对于只能选择非盈利上市标准的公司，比如需要长期研发投入并持续亏损的生物药、半导体公司，无疑只能选择在科创板上市。

其次，对于不符合科创板行业定位的传统企业，主板、中小板、创业板目前是其合适的选择。

最后，对于既能满足A股市场上市标准，又符合科创板定位的企业，才会有“两选一”的苦恼。下面本书分层次对上述问题进行解读分析，供企业家们参考。

融资

谈到上市，大家经常将焦点放到股票交易价格上。其实，对企业来讲，通过发行股票筹资，股票发行价格的高低直接决定了公司能筹到多少资金。A股近几年实行发行价格管制，所以公司无论好坏，发行市盈率趋同，导致很多企业不得不低价发行，使得募资金额不能匹配公司的市值和发展需求。

而科创板的发行将定价权交给市场，好公司自然获得高的发行价，筹资金额将远多于A股的其他板块市场，这无疑是非常有吸引力的。

对于企业筹资来说，IPO发行只是一方面。从再融资角度看，注册制对企业筹资行为的影响更大。

在以前的制度下，企业的再融资行为和发行价格的确定是受到管制的，而且因为审核周期不确定，证券市场波动幅度大，经常在获得审核批准后，企业的二级市场价格与发行价格出现非常大的偏差。我们看到，很多公司辛辛苦苦通过审核，最后却发行不成功，发行批文变成一张废纸，严重影响了企业的运营。

由于科创板试点注册制，则企业发行价格可以随行就市。行情好，闪电发行，多筹资；行情不好，企业又确实需要融资，那就以较低的价格吸引投资者，尽快募集资金支持企业发展。这对企业是非常有好处的。

所以从融资的角度看，科创板完胜之前的 A 股市场。

估值、流动性

科创板开闸之初，由于供求关系原因，二级市场整体估值大概率会偏高，但这种现象不会长期存在。在各方面条件一致的前提下，研究员不会因为板块差异而给出不同的估值标准，投资机构也不会简单因为板块关系而做买卖选择。所以，理论上，未来各板块之间不会有巨大的估值差异。

但是，科创板相较 A 股的其他板块市场多了一个合格投资者制度，该制度对个股的估值和流动性会有一定影响，但对企业的影响程度则完全不同。对于大市值公司来说，科创板的流动性和估值跟主板大市值公司会趋同，定价由机构确定，流动性完全没有问题；但是对于小市值公司来说，很多主流机构不会把小市值公司纳入配置名单，将呈现估值由散户或者所谓“庄家”定价的现象。

就这一点来看，无疑原来的主板、中小板、创业板对小市值公司更有吸引力。未来科创板大、小市值公司的估值和流动性差异会很大，甚至小市值公司会出现流动性枯竭的现象。

大股东锁定

科创板对大股东、实际控制人股份锁定和减持的要求更严，对大股东吸引力小。

而且由于限售期不一样，大股东所持股份在金融机构做质押融资时，享受的折扣率、利率也是不一样的，所以锁定期长会影响大股东的质押类融资额度。

壳价值

公司经营总有不测，且科创板很难保壳、借壳。对股东来讲，这一点原 A 股市场完胜。所以，符合各板块上市要求的公司，上市选择地确实需要认真分析，不要人云亦云，适合自己的才是最好的。

需要注意的是：上述分析建立在 A 股的其他板块市场不做注册制改革的基础上，一旦情况有变，对各个企业的影响就需要重新分析。

科技繁荣触动科创板的并购“开关”

在科创板出现之前，国内资本市场常被诟病不够“高科技”，即高科技类上市企业的数量不多。以三巨头“BAT”为例，它们纷纷投入海外或境外资本市场怀抱，根本原因是一些处于发展初期的科技企业不符合核准制下国内上市标准。科创板的诞生恰逢其时，带来了注册制，也带来了发行制度上的一系列创新。

此外，“科创板 + 注册制”还有一个功能“含苞欲放”，即科创板将推动我国科技产业走向融合发展，激起科技企业并购热情，掀起一波属于中国科技产业的并购浪潮。

巨资涌入高科技行业，科技产业将成为中国并购主战场

和美国一样，科技与金融互相结合将奠定未来中国的全球引领地位，并对中国证券市场运作机制产生深远影响。一方面，科创板类似“指挥棒”，会强有力地促进中国资本市场吸纳大量新经济企业，原来已经或准备在海外或境外上市的优质企业也会回归国内资本市场，令上海成为世界瞩目的国际金融中心；另一方面，散落在全国各地的科技企业将如星星之火一般，借助资本的力量，利用并购工具，在科创板的舞台上走向集团化、规模化、专业化，全球范围内的科技产业将与中国发生碰撞和深度链接。

未来 5~10 年，科创板 10%~20% 的公司可能会成长为中国产业资本的中坚力量，成为“大者恒大”的科技巨人，如美国当年的思科、苹果、微软，又如今天中国的华为、腾讯、阿里。而大量难以满足科创板上市条件（如行业定位、市值、合规性等）的科技类中小型企业进入资本市场的主要可行路径是并购，即通过被并购快速壮大自己，与并购方一道争取未来市场份额。因此，IPO 与并购是科技创新企业的两条出路，科技企业将成为并购或被并购的主角。

注册制推动并购工具完善，并购业务深化

2019 年 4 月 19 日，中共中央政治局会议针对科创板提出了新要求：要以关键制度创新促进资本市场健康发展，科创板要真正落实以信息披露为核心的证券发行注册制。

注册制下，上市资源不再稀缺。对于投资机构来说，核准制下广为流行的 Pre-IPO 模式的盈利预期下调，它们开始需要更为多元的盈利模式。最受欢迎的便是并购基金模式，该模式的盈利来源更为多元，退出渠道更加多样，且并购基金发展空间巨大，因为当下我国并购基金的规模仅为美国的 10%。目前，“PE+ 上市公司”是我国并购基金发展的主流模式。未来随着并购基金的发展，杠杆收购、管理层收购（MBO）、垃圾债券、SPAC① 等并购工具和模式，将不断丰富和涌现。

“科创板 + 注册制”设置了 50 万元的投资者准入壁垒，作用之一便是去散户化。去散户化必然带来以机构投资者为主的市场环境，机构投资者会给证券市场带来多方面的积极影响，比如短期炒作行为将会大大减少。在并购方面，机构投资者会使并购行为更趋理性，而不会盲目追捧“忽悠式”并购。因此，注册制下的并购模式将由过去的高估值、高溢价、高对赌，逐步迈入注重产业协同、产业整合升级的新时代。

此外，注册制会促使券商投行业务模式向“能力 + 实力”型转变。而券商投行部门在核准制下赖以生存的“通道型”业务模式将被完全颠覆。在推出科创板的新形势下，定价、承销以及资源整合能力才是投行部门的核心能力。具体到并购方面，投行人员在估值、定价、方案设计、交易撮合等方面有了更大的可施展拳脚的空间。

① 海外借壳上市的一种方式，其集直接上市、海外并购、反向收购、私募等金融产品的特征及目的于一体。

科创板或将引领新一轮并购浪潮

创新性技术为并购提供了原动力，产业结构调整通过企业并购得到迅速解决，监管政策的放松以及新型融资工具的出现，往往成为大规模并购浪潮出现的刺激因素。综观美国历史上的 5 次并购浪潮，4 次都是源自技术进步。其中，令人印象深刻的 20 世纪 90 年代的美国第五次并购浪潮，主要围绕计算机、电子通信等高新技术领域展开。

20 世纪 80 年代美国资本市场就进入了“高杠杆 + 垃圾债”支撑的并购时代，而此时我国才刚刚实行改革开放，证券市场也才刚刚起步。1984 年新中国的第一只股票才诞生，直到 1990 年上海证券交易所才成立。到了 90 年代，伴随互联网的兴起，美国进入了高科技产业并购时代。1997—2003 年，中国加入 WTO，上市公司以国企改革为主题推动了一次并购浪潮。2005 年后，以股权分置改革为起点，上市公司广泛利用并购工具进行产业整合，甚至出现了不少跨境并购案例。目前，伴随科创板的诞生，以科技因素驱动的并购机制将继续发挥重要作用。

综观全球资本市场的发展历程，综合中国目前的资本市场政策环境，外国及中国经济周期和发展状况，以 5G、AI、生物医药为代表的高新技术即将面临重大突破。以上种种因素表明，在“科创板 + 注册制”引领下，新的大规模并购浪潮即将展开和延续。我们需要做的，就是迎接科创变革，拥抱科技并购时代，分享科技盛宴！

参考文献

［1］周小川．数学规划与经济分析［M］．北京：中国金融出版社，2019.

［2］王晨光，布娜新．戏说并购：八阶课程讲透并购要点［M］．北京：经济科学出版社，2019.

［3］高凤勇，布娜新．金融不虚：新三板的逻辑［M］．北京：经济科学出版，2018.

［4］张可亮．新三板改变中国［M］．北京：经济科学出版，2017.

［5］李克穆．中国宏观经济与宏观调控概说［M］．北京：中国财政经济出版社，2019.

［6］李小加．互联互通的金融大时代：小加随笔［M］．北京：中国金融出版社，2018.

［7］简练．资本的真相：互联网时代的资本市场［M］．北京：中信出版社，2016.

［8］阿奎．喧哗与骚动：新中国股市二十年［M］．北京：中信出版社，2008.

［9］刘勇．新股发行注册制改革通论［M］．北京：中国长安出版社，2018.

［10］刘鹤．两次全球大危机的比较研究［M］．北京：中国经济出版社，2013.

［11］［美］威廉·戈兹曼．千年金融史：金融如何塑造文明，从5000年前到21世纪［M］．张亚光，熊金武，译．北京：中信出版社，2017.

［12］张五常．经济解释（二〇一四增订版：四卷本）［M］．北京：中信出版社，2015.

［13］［法］皮凯蒂.21世纪资本论［M］．巴曙松，等，译．北京：中信出版社，2014.

［14］黄福宁，闻岳春．创业板风险：监测模型及管理研究［M］．广州：世界图书出版广东有限公司，2013.

［15］陈国庆．陈国庆文集［M］．天津：南开大学出版社，2005.

［16］钱荣堃．钱荣堃文集［M］．天津：南开大学出版社，2017.

［17］［英］休谟．人性论［M］．张晖，编译．北京：北京出版社，2012.

［18］［美］斯帕．技术简史［M］．倪正东，译．北京：北京出版社，2016.

［19］［美］西格尔．股市长线法宝［M］．范霁瑶，译．北京：机械工业出版社，2009.

［20］上海申银万国证券研究所有限公司．科创板投资一本通［M］．上海：上海人民出版社，2019.

［21］［美］詹姆斯·B.阿科波尔，罗恩·舒尔茨．公开上市［M］．吴珊，庄园，陈启清，译．北京：中国人民大学出版社，2002.

［22］周其仁．中国做对了什么［M］．北京：中国计划出

版社，2017.

［23］［美］彼得·德鲁克.创新与企业家精神［M］.蔡文燕，译.北京：机械工业出版社，2009.

［24］［美］罗斯托.经济增长理论史：从大卫·休谟至今［M］.陈春良，等，译.杭州：浙江大学出版社，2016.

致　谢

没想到，这本书最终以这样的形式呈现给大家。首先要感谢知名策划人潘彤老师的指导，她的“精雕细琢”“画龙点睛”令本书更经受得住读者的挑剔和质疑，以及时间的打磨和考验。

这本倾注了作者心力的小书，在各方面都有着更高的追求。全书的主要内容 3 ~ 4 个月成形，但成形之后的细致打磨，经历了更长的时间。这其中，要隆重感谢滦海资本李平（其撰写了《科创板里的 AB 股》这一节内容）、高阳，力鼎资本的周聪、张晓文、李默颖、邹玉泉，银泰证券张可亮，大成律所刘世杰，以及太平洋证券王晨光，章和投资高国垒对本书内容的充实和贡献，在这些朋友的加持下，本书才得以彰显得更加厚重而不浮躁。

当然，一本书得以付梓，离不开出版社的努力。本书要特别感谢中国经济出版社的策划编辑杨莹老师和责任编辑王建老师。二位老师给本书提出了很多建设性意见，其专业、严谨的工作作风深深感染了我们。

还要特别感谢本书的出品方北京壹柒贰柒文化传媒的李斐然老师，她令本书拥有了连贯的逻辑架构，没有她的艰辛努力和统筹规划，本书不可能在这么短的时间内问世。

此外，还要一并感谢在科创板领域奋战的媒体朋友们。严楷晨老师的《科创资本论》和李颖老师的《聚焦科创板》栏目是两档对市场非常有益的节目，其提供了科创企业的展示机会和交流平台，也给本书创作带来了启发。公众号“科创板论坛”（ID：findproject）则是本书创作的灵感源泉，本书出版前的很多零散文章都是该公号第一时间发表。

最后，还要感谢南开大学金融学院的大力支持，令本书在学术上增色不少。感谢南开八里台金融论坛各位分享嘉宾在本书写作过程中提供的建议。2019 年，恰逢南开百年诞辰，谨以此书致敬这所中国百年名校！

免责声明

市场有风险，投资需谨慎。书中内容、信息、观点或结论等均不构成对任何机构或个人的投资建议，读者不应将书中内容、信息、观点或结论等作为做出投资决策的参考因素，更不应将其用来取代自己的判断。作者不对使用本书所引发的任何直接或间接损失负任何责任。